escale à

new york

D0863334

ville),
métropolitaine)

Plus grande ville des États-Unis
devant Los Angeles et Chicago

Point le plus haut Empire State Building
(373 m)

Fuseau horaire UTC–5

ULYSSE

Recherche et rédaction : Pierre Ledoux
Éditeur : Claude Morneau
Adjointes à l'édition : Julie Brodeur, Annie Gilbert
Recherche et rédaction antérieure, extraits du guide Ulysse *New York* : Clayton Anderson, Karin Bony, François Brodeur, Annie Gilbert, Marie-Josée Guy, Alain Legault, Benoît Legault, Karl Lemay, Élodie Luquet, François Rémillard

Correction : Pierre Daveluy
Conception graphique : Pascal Biet
Conception graphique de la page couverture : Marie-France Denis
Cartographie et mise en page : Philippe Thomas
Photographie de la page couverture : © Corbis, Mark Peterson

Remerciements

Merci à Kathy Motton et Jen Davis de New York City & Company pour leur aide.

Guides de voyage Ulysse reconnaît l'aide financière du gouvernement du Canada par l'entremise du Programme d'aide au développement de l'industrie de l'édition (PADIÉ) pour ses activités d'édition.
Guides de voyage Ulysse tient également à remercier le gouvernement du Québec – Programme de crédit d'impôt pour l'édition de livres – Gestion SODEC.

Guides de voyage Ulysse est membre de l'Association nationale des éditeurs de livres.

Note aux lecteurs

Tous les moyens possibles ont été pris pour que les renseignements contenus dans ce guide soient exacts au moment de mettre sous presse. Toutefois, des erreurs peuvent toujours se glisser, des omissions sont toujours possibles, des adresses peuvent disparaître, etc. ; la responsabilité de l'éditeur ou des auteurs ne pourrait s'engager en cas de perte ou de dommage qui serait causé par une erreur ou une omission.

Écrivez-nous

Nous apprécions au plus haut point vos commentaires, précisions et suggestions, qui permettent l'amélioration constante de nos publications. Il nous fera plaisir d'offrir un de nos guides aux auteurs des meilleures contributions. Écrivez-nous à l'une des adresses suivantes, et indiquez le titre qu'il vous plairait de recevoir

Guides de voyage Ulysse
4176, rue Saint-Denis, Montréal (Québec), Canada H2W 2M5, www.guidesulysse.com, texte@ulysse.ca

Les Guides de voyage Ulysse, sarl
127, rue Amelot, 75011 Paris, France, voyage@ulysse.ca

Catalogage avant publication de Bibliothèque et Archives nationales du Québec et Bibliothèque et Archives Canada

Vedette principale au titre :

      Escale à New York

      (Escale Ulysse)

      Comprend un index.

      ISBN 978-2-89464-484-3

      1. New York (N.Y.) - Guides.

F128.18.E82 2011   917.47'10444 C2011-941210-1

sommaire

le meilleur de new york 5

explorer new york 23

new york pratique 177

le meilleur de
new york

new york

En **10** images emblématiques

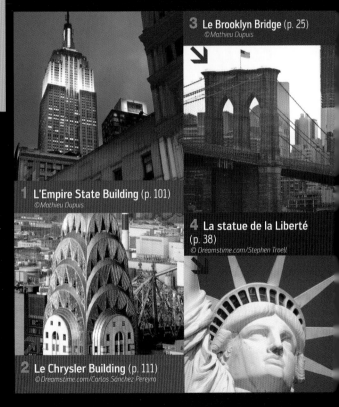

3 Le Brooklyn Bridge (p. 25)
© Mathieu Dupuis

1 L'Empire State Building (p. 101)
© Mathieu Dupuis

4 La statue de la Liberté (p. 38)
© Dreamstime.com/Stephen Troell

2 Le Chrysler Building (p. 111)
© Dreamstime.com/Carlos Sánchez Pereyra

5 Times Square (p 119)
©Mathieu Dupuis

Le meilleur de New York

7 Le Flatiron
Building (p. 90)
*© iStockphoto.com/
Bart van den Dikkenberg*

8 La marquise du
Radio City Music Hall
(p. 107)
©Mathieu Dupuis

6 Le Rockefeller
Center (p. 106)
©Philippe Renault/hemis.fr

9 Le Solomon
R. Guggenheim
Museum
(p. 145)
*© David Heald/The
Solomon R. Guggenheim
Foundation, New York*

10 Les United Nations Headquarters (p. 112)
© iStockphoto.com/Lya_Cattel

En quelques heures

↘ Une balade dans Midtown Manhattan (p. 100, 117)
   Au cœur d'une forêt de gratte-ciel, l'exploration du quartier où se
   trouvent les attraits les plus populaires de New York, notamment
   l'Empire State Building, Fifth Avenue, Broadway et Times Square.

↘ Une pause nature dans Central Park (p. 128)
   Le plaisir de découvrir le poumon vert de la métropole américaine, avec
   ses élégants sentiers, ses immenses étangs, ses grandes pelouses et
   son zoo pour enfants.

↘ Une visite éclair du Metropolitan Museum of Art (p. 140)
   Émerveillement garanti en parcourant les salles de l'un des trois plus
   célèbres musées d'art au monde, avec le Louvre et le British Museum.

En une journée

Ce qui précède plus...

↘ Un visite de l'observatoire du 86ᵉ étage de l'Empire State Building (p. 101)
   Ravissement garanti devant le panorama à couper le souffle sur l'île de
   Manhattan et ses environs.

↘ Un saut à l'American Museum of Natural History (p. 149)
   Quelques heures à redécouvrir l'enfant en soi devant les spectaculaires squelettes de dinosaures, la baleine bleue suspendue et les autres
   fascinants attraits de cet amusant musée « à la Indiana Jones ».

© Gillian Crosson

↘ Une séance de lèche-vitrine sur Fifth Avenue (p. 100)
Bergdorf-Goodman, Saks Fifth Avenue, Gianni Versace, Chanel, Gucci,
DKNY, Prada... Bienvenue sur les Champs-Élysées américains!

En un week-end

Ce qui précède plus...

↘ Une balade dans Lower Manhattan pour prendre le pouls des charmants quartiers de SoHo (p. 51) et de Greenwich Village (p. 60)
L'occasion de flâner dans des quartiers vibrants où l'architecture
typique et les boutiques, restaurants et cafés branchés permettent de
goûter à l'art de vivre à la new-yorkaise.

↘ Une escapade hors de Manhattan pour visiter le quartier de
Brooklyn Heights (p. 165)
La découverte d'un quartier historique à échelle humaine qui offre un
bel équilibre par rapport au brouhaha de Manhattan.

↘ Un concert dans l'une des salles de spectacle mythiques de la
Grosse Pomme, tels le Blue Note (p. 69), le Village Vanguard
(p. 69) ou l'Apollo Theater (p. 162).
Une soirée mémorable dans l'un des antres du jazz ou du *soul* américain.

En 5 expériences uniques

1 Une traversée à pied du Brooklyn Bridge, pour profiter d'une vue spectaculaire sur les gratte-ciel de Manhattan (p. 25)

2 Une promenade à 10 m du sol dans le High Line Park, dans le quartier de Chelsea (p. 73)

3 Une romantique balade en chaloupe sur le lac de Central Park (p. 133)

4 Un sandwich au pastrami chez Katz's Delicatessen, le mythique *deli* établi dans le Lower East Side depuis 1888 (p. 49)

5 Un match des Yankees au nouveau Yankee Stadium, inauguré en 2009 dans le Bronx (p. 208)

© David Heald/The Solomon R. Guggenheim Foundation, New York

En 10 expériences culturelles

© Dean Kaufman/Courtesy New Museum

En **12** icônes architecturales

© Pierre Ledoux

En **10** endroits
pour faire plaisir aux enfants

© Dreamstime.com/Serban Enache

En **5** grands parcs

1 L'immense Central Park, principal poumon de verdure de Manhattan (p. 128)

2 Le Brooklyn Bridge Park, une superbe promenade riveraine qui longe l'East River sur 2 km (p. 166)

3 Le Hudson River Park, qui longe le fleuve du même nom sur le côté ouest de l'île de Manhattan (p. 52)

4 Le vaste Prospect Park, qui s'étend sur quelque 237 ha au cœur de Brooklyn (p. 168)

5 Le Riverside Park, qui s'étire sur 6 km le long du fleuve Hudson dans l'Upper West Side (p. 158)

En **5** grands événements

1 Les festivités du jour de l'An, alors que le tout New York s'amasse sur Times Square (p. 201)

2 Le défilé de la Saint-Patrick, quand la communauté irlandaise de la *Big Apple* fête son saint patron en grande pompe (p. 201)

3 La LGBT Pride March, ce festival gay qui explose à la fin du mois de juin et peut attirer jusqu'à un million de personnes (p. 202)

4 La Village Halloween Parade, pour se mêler à l'immense foule costumée, aussi colorée que bruyante, qui dévale Sixth Avenue (p. 204)

5 La Macy's Thanksgiving Day Parade, ce grand défilé organisé par le célèbre magasin Macy's à la fin de novembre (p. 204)

En **5** vues exceptionnelles

1 Dowtown Manhattan et Brooklyn depuis les plateformes d'observation de la statue de la Liberté (p. 38)

2 L'île de Manhattan et ses environs depuis l'observatoire de l'Empire State Building (p. 101)

3 Le fleuve Hudson et les rues de Chelsea à partir du High Line Park (p. 73)

4 Central Park et les gratte-ciel environnants à partir du Roof Garden Café and Martini Bar du Metropolitan Museum of Art (p. 144)

5 Lower Manhattan et le Manhattan Bridge pendant la traversée à pied du Brooklyn Bridge (p. 25)

En 5 classiques
de la cuisine locale

1 Le sandwich au pastrami et les autres classiques des *delis* chez Katz's Delicatessen (p. 49)

2 La *soul food* chez Amy Ruth's, restaurant mythique de Harlem (p. 164)

3 La pizza de Lombardi's Pizza, qui s'autoproclame première pizzeria des États-Unis (p. 49)

4 Le saumon fumé et les énormes petits déjeuners chez Barney Greengrass (p. 153)

5 Les immenses sandwichs et le *cheesecake* du Carnegie Deli (p. 124)

© Will Steacy/NYC & Co

En 5 belles terrasses

© Momofuku / Noah Kalina

En **5** grandes tables

1 Aquavit, pour son menu qui s'inspire des traditions culinaires de la Scandinavie (p. 114)

2 Craft, pour composer sa propre assiette à partir des suggestions du réputé chef Tom Colicchio (p. 97)

3 Le Gotham Bar & Grill, où le chef Alfred Portale marie avec brio la cuisine des grands restaurants du Midtown et l'ambiance décontractée de Greenwich Village (p. 68)

4 Momofuku, où le chef David Chang propose une cuisine asiatique fusion qui étonne autant par son audace que par sa finesse (p. 87)

5 Nobu, où le chef Nobu Matsuhisa se surpasse dans la création de nouvelles saveurs nippones (p. 57)

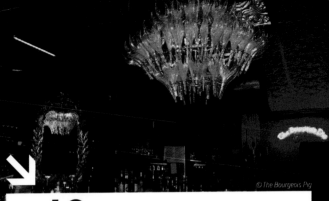

© The Bourgeois Pig

En **10** incontournables de la vie nocturne

© Dreamstime.com/Jennifer Nickert

En **5** expériences
pour les amateurs de sports

1 Un match de baseball des Yankees au Yankee Stadium (p. 208) ou des Mets au Citi Field (p. 208)

2 Un match de basketball des Knicks au Madison Square Garden (p. 208)

3 Un match de hockey des Rangers au Madison Square Garden (p. 208)

4 Un match de football américain des Giants ou des Jets au New Meadowlands Stadium (p. 209)

5 Un match de tennis dans le cadre du US Open au Flushing Meadows-Corona Park (p. 209)

En **12** incontournables du shopping

explorer
new york

Le quartier de Wall Street et le South Street Seaport

1

Le quartier de Wall Street et le South Street Seaport

À voir, à faire

(voir carte p. 27)

À l'ère glorieuse des paquebots, les dames en vison et les immigrants en haillons montaient sur leurs ponts respectifs à l'arrivée dans la baie de New York pour apercevoir la muraille de gratte-ciel qui gravite autour du quartier de Wall Street, sur la pointe sud de l'île de Manhattan. Cette façade rutilante de New York, symbole par excellence de l'Amérique, semble presque irréelle lorsqu'on la découvre à travers les brumes matinales. Depuis la terre ferme apparaît la formidable concentration de très hautes tours abritant les sièges sociaux de banques, qui font de ce quartier pourtant restreint la première place financière du monde.

Avant que les financiers de Wall Street ne prennent la relève au milieu du XIXe siècle, c'était toutefois les armateurs et les importateurs qui contrôlaient l'économie de New York. Ils étaient regroupés dans le South Street Seaport, l'ancien quartier portuaire de la métropole américaine, situé le long de South Street, en bordure de l'East River. Aujourd'hui, le South Street Seaport Historic District est un ensemble de vieux entrepôts et commerces qui ont été restaurés et reconvertis en centres d'interprétation regroupés sous la bannière du **Seaport Museum New York** (voir p. 30). Les rues des alen-

Le City Hall, élégant hôtel de ville de New York. © Dreamstime.com/Xavier Marchant

tours ont été fermées à la circulation automobile et transformées en d'agréables mails piétonniers se prolongeant sur les quais où sont amarrés de vieux voiliers. En plus de son architecture de briques rouges, le secteur offre de belles vues sur Brooklyn Heights et le Brooklyn Bridge.

Le circuit débute en face du City Hall (hôtel de ville) de New York, situé dans Murray Street à l'est de Broadway, au milieu du City Hall Park.

City Hall ★ [1]

visites guidées en semaine sur rendez-vous; Murray St., 212-639-9675, www.nyc.gov

Les bureaux du maire de New York et de son personnel politique sont situés dans l'élégant édifice du City Hall, construit en 1803. L'édifice peut surprendre par sa taille en comparaison des gratte-ciel environnants, mais à l'époque où il a été érigé, la Grosse Pomme n'était encore qu'une ville modeste.

À l'est de l'hôtel de ville, face à Centre Street, vous apercevrez l'entrée du Brooklyn Bridge.

Brooklyn Bridge ★★★ [2]

Achevé en 1883 après 15 ans de travaux, le Brooklyn Bridge était considéré à l'époque comme la «huitième merveille du monde». Quatre fois plus long que le plus long pont suspendu existant, il dominait le paysage, telles les cathédrales médiévales d'Europe, avec ses deux gigantesques piliers de 90 m de haut, percés d'arcs en ogive.

Il faut bien sûr emprunter les voies piétonnières ou cyclables, aménagées au centre du pont, qui permettent d'observer les gratte-ciel de

Le quartier de Wall Street et le South Street Seaport

À voir, à faire ★

1.	BV	City Hall
2.	CW	Brooklyn Bridge
3.	AW	St. Paul's Chapel
4.	AW	Ground Zero
5.	BX	Wall Street
6.	AX	Trinity Church

7.	AX	New York Stock Exchange
8.	CW	South Street Seaport Historic District
9.	CX	Schermerhorn Row Block
10.	CX	Seaport Museum New York

Cafés et restos ●

11.	BY	Adrienne's Pizza Bar
12.	CW	Bridge Cafe
13.	AY	Financier Patisserie

14.	BY	Harry's Cafe & Steak
15.	CW	Jack's Stir Brew Coffee

Bars et boîtes de nuit ☽

16.	CW	Paris Café

Lèche-vitrine ■

17.	AW	Century 21

Hébergement ▲

18.	AV	Cosmopolitan Hotel

19.	CW	Seaport Inn

1. À l'embouchure de l'East River domine le mythique Brooklyn Bridge.
© iStockphoto.com/Jeremy Edwards

2. Wall Street, cœur de l'économie mondiale. © Philippe Renault/hemis.fr

Lower Manhattan. Les marcheurs iront jusqu'à Brooklyn, pour une impressionnante **traversée** d'environ 30 min au-dessus de l'East River. Le trajet en sens inverse offre les vues les plus spectaculaires sur Manhattan.

Empruntez Broadway vers le sud.

St. Paul's Chapel ★★ [3]
Broadway, entre Fulton St. et Vesey St., www.saintpaulschapel.org

Construite en 1766, la St. Paul's Chapel est la plus ancienne église de New York encore en activité. Lors des attentats du 11 septembre 2001, l'église servit de point d'accueil aux nombreux bénévoles venus prêter main-forte aux secouristes sur le site du World Trade Center. Des témoignages émouvants de cette période subsistent dans l'église, sous forme de petits temples dédiés aux victimes.

À la sortie de l'église, tournez à droite dans Fulton Street pour vous rendre à Church Street et accéder à Ground Zero.

Ground Zero [4]
entouré des rues Vesey, Church et Liberty, et de la West Side Highway

Ground Zero, le site du **World Trade Center** avant qu'il ne soit détruit le 11 septembre 2011, est aujourd'hui un vaste chantier entouré de hautes clôtures où l'on s'affaire depuis 2004 à édifier le **One World Trade Center**. Surnommée **Freedom Tower**, cette «tour de la liberté», qui devrait dès 2013 abriter magasins, bureaux d'entreprises et plateforme d'observation, pointera dans le ciel de New York à 1 776 pi (541 m), chiffre qui fait écho, volontairement, à l'année de la Déclaration d'indépendance des États-Unis. Le site accueillera également une salle de spectacle, un centre culturel, un musée et un mémorial sur lequel seront inscrits les noms des victimes des attentats, le **National September 11 Memorial & Museum**.

Revenez sur vos pas jusqu'à Broadway et dirigez-vous vers le sud jusqu'à Wall Street.

Wall Street ★★★ [5]
entre Broadway et South St.

Vous voici sur Wall Street, synonyme de fortunes colossales et de courtiers ambitieux, l'artère où se sont installés les banquiers qui contrôlent l'économie mondiale. Cette rue célèbre fait à peine plus de 500 m et semble étroite en comparaison de la taille des édifices des alentours. La « rue du Mur » fut tracée en 1699 sur l'emplacement du mur d'enceinte qui délimitait La Nouvelle-Amsterdam au nord. Pendant tout le XVIIIe siècle, l'artère conserve une vocation majoritairement résidentielle. C'est vers 1820 que les premières banques font leur apparition dans le secteur. Cent ans plus tard, Wall Street déclassait le secteur financier de Londres, et New York devenait la première place financière de la planète.

Trinity Church ★★ [6]
lun-ven 7h à 18h, sam 8h à 16h, dim 7h à 16h; angle Broadway et Wall St., 212-602-0800, www.trinitywallstreet.org

La Trinity Church ferme toujours majestueusement la perspective de

Wall Street, même si, de nos jours, cette église anglicane est écrasée par les nombreux gratte-ciel qui l'entourent. L'édifice est considéré comme l'une des meilleures réalisations de l'architecture religieuse du XIXe siècle en Amérique, et il a servi de modèle pour la construction de nombreuses églises partout sur le continent.

Dirigez-vous vers l'est dans Wall Street et tournez à droite dans Broad Street.

New York Stock Exchange ★★ [7]
8 Broad St., www.nyse.com

Le New York Stock Exchange est le saint des saints de la haute finance, là où s'échangent les titres de toutes les grandes multinationales. Théâtre du fameux krach de Wall

Le quartier de Wall Street et le South Street Seaport

Street en 1929, l'édifice de la Bourse fut construit en 1903. Sa façade, revêtue de marbre blanc de Géorgie (États-Unis), comporte un admirable portique corinthien surmonté d'un fronton orné d'une allégorie sculptée symbolisant le Commerce.

Revenez sur vos pas jusqu'à Wall Street et tournez à droite. Marchez jusqu'à Front Street, que vous emprunterez à gauche pour vous rendre à Maiden Lane et au début du South Street Seaport Historic District.

South Street Seaport Historic District ★★ [8]

entre Maiden Lane et Dover St., et des quais de l'East River jusqu'à Pearl St.

À la suite de l'inauguration de l'Erie Canal en 1825, qui permettait enfin d'acheminer les marchandises jusqu'au centre du continent nord-américain, New York allait devenir le plus important port des États-Unis.

Toute cette activité portuaire devait graviter autour de South Street, que l'on surnomma bientôt la «rue des voiliers», une forêt de mâts s'agglutinant autour des quais qui bordaient l'artère à l'est. Cependant, la fin du XIXe siècle, qui marque l'arrivée des bateaux à moteur de fort tonnage, va amener le transfert des activités portuaires vers les rives du fleuve Hudson, sur la face ouest de l'île de Manhattan. La grande voie fluviale, aux eaux plus profondes que celles de l'East River, allait défi-

nitivement supplanter South Street après 1914.

Heureusement, un petit groupe de New-Yorkais a réussi à sauver quelques bâtiments du secteur, presque tous concentrés autour du marché aux poissons, pour créer ce qui allait devenir le South Street Seaport Historic District, un arrondissement historique classé par la New York Landmarks Preservation Commission en 1977.

L'ensemble le mieux conservé du South Street Seaport Historic District est constitué du **Schermerhorn Row Block** ★ [9] *(2-18 Fulton St.)*, un quadrilatère de vieux entrepôts délimité par les rues Fulton, Front et South. Ces bâtiments, érigés en 1811, rappellent par leurs murs de briques rouges l'architecture de Boston. Au 12 Fulton Street se trouve le **Seaport Museum New York** ★ [10] *(15$; jan à mars jeu-dim 10h à 17h, avr à déc mardim 10h à 18h; 212-748-8786, www.seany.org)*. Ce musée a pour but de faire connaître l'histoire du vieux port de New York. Il comprend non seulement des salles d'exposition conventionnelles, mais aussi des voiliers amarrés aux quais de South Street que l'on peut visiter.

Le plus important est le ***Peking*** ★, un quatre-mâts de 1911 qui figure parmi les derniers cargos à voiles à avoir été lancés au début du XXe siècle. L'***Ambrose***, amarré de l'autre côté du Pier 16, est un bateau-

Le South Street
Seaport, port historique
de Manhattan.
© Philippe Renoult/hemis.fr

Le quartier de Wall Street et le South Street Seaport

phare de 1908. On peut également apercevoir le **Wavertree**, un trois-mâts de Southampton, en Angleterre, construit en 1885 et acquis par le musée en 1996.

Cafés et restos

(voir carte p. 27)

Financier Patisserie *$* [13]
62 Stone St., entre Mill Lane et Hanover Square, 212-344-5600,
www.financierpastries.com

Voici un bon endroit dans le secteur de Wall Street où s'offrir une pâtisserie ou un repas simple mais de qualité le midi.

Jack's Stir Brew Coffee *$* [15]
222 Front St., entre Beekman St. et Peck Slip, 212-227-7631, www.jacksstirbrew.com

Jack's sert l'un des meilleurs cafés à New York, ainsi que d'excellentes petites douceurs maison (muffins, gâteaux, biscuits…).

Adrienne's Pizza Bar *$$* [11]
54 Stone St., entre Coenties Slip et Mill St., 212-248-3838, www.adriennespizzabar.com

Adrienne's sert les meilleures pizzas du quartier, dit-on. On y trouve également d'autres plats : antipasti, pâtes, etc.

Bridge Cafe *$$-$$$* [12]
279 Water St., angle Dover St., 212-227-3344, www.bridgecafenyc.com

Populaire sans être touristique, le Bridge Cafe propose une cuisine américaine créative et une ambiance romantique.

Harry's Cafe & Steak *$$$* [14]
1 Hanover Square, angle Stone St., 212-785-9200, www.harrysnyc.com

Le décor chaleureux du Paris Café. © Lauren Miller

Bien cachée dans le «demi-sous-sol» de l'India House qui donne sur Hanover Square, cette grillade-rie fidélise les amateurs de bonne chère.

Bars et boîtes de nuit *(voir carte p. 27)*

Paris Café [16]
119 South St., entre Beekman St. et Peck Slip, 212-240-9797, http://theparistavern.com

Malgré son nom bien français, le Paris Café est en réalité un merveilleux pub à l'ambiance chaleureuse.

Lèche-vitrine

(voir carte p. 27)

Grands magasins

Century 21 [17]
22 Cortlandt St., entre Church St. et Broadway, 212-227-9092, www.c21stores.com

Une bonne adresse pour les mordus de *shopping*, Century 21 est le grand magasin d'usine (*factory outlet*) de New York : la plupart des grandes marques y sont offertes à prix réduit.

2

Battery Park City, la statue de la Liberté et Ellis Island

À voir, à faire

(voir carte p. 37)

Comme une mini-ville greffée sur la grande ville, Battery Park City a été créée à partir de 1979 sur de vastes remblais qui empiètent sur le fleuve Hudson. Situés à l'ouest du quartier des affaires, ces remblais sont le résultat du colmatage des différents bassins séparant les quais où accostaient autrefois les grands paquebots.

Le quartier de Battery Park City est bordé d'une longue promenade riveraine qui permet aux New-Yorkais de profiter de vues magnifiques sur le large fleuve, une «denrée» trop rare dans cette ville extrêmement dense et repliée sur elle-même.

C'est depuis les quais du Battery Park, à l'extrémité sud de Battery Park City, que vous pourrez prendre le traversier pour vous rendre à la statue de la Liberté et à Ellis Island, grands symboles de la liberté et de l'immigration aux États-Unis. Leur visite, commune ou séparée, au choix, est extrêmement populaire auprès des touristes. Tous les jours, et toutes les fins de semaine en particulier, il faut prévoir une assez longue période d'attente avant de parvenir à destination.

L'itinéraire proposé débute dans Vesey Street à l'ouest du site de Ground Zero.

Winter Garden ★ ★ [1]

À partir du site de Ground Zero, la passerelle du Vesey Street Bridge permet d'accéder à l'entrée du centre commercial du **World Financial Center** (WFC), qui abrite l'impressionnant **Winter Garden**. Ce vaste atrium vitré, planté de palmiers, atteint une hauteur de 40 m. Bordé de restaurants et de boutiques, il sert fréquemment d'amphithéâtre pour des événements culturels (concerts, spectacles de danse, etc.).

Ressortez par l'autre extrémité de l'atrium, qui donne sur l'esplanade de Battery Park City.

North Cove ★ [2]

Les tours du World Financial Center encadrent North Cove, sorte de baie artificielle dans laquelle a été aménagé un port de plaisance qui accueille les voiliers de la Manhattan Sailing School. Les deux piliers d'acier inoxydable visibles à droite de North Cove, baptisés simplement *Pylons*, sont l'œuvre de l'artiste américain Martin Puryear.

Contournez North Cove par le sud pour atteindre l'esplanade qui longe le fleuve Hudson.

Esplanade ★ ★ [3]

L'Esplanade est sans contredit la plus grande réussite de l'énorme projet urbain qu'est Battery Park City. Cette promenade de 1,5 km le long du fleuve Hudson, parcourue en été par les piétons, cyclistes et autres coureurs, offre une vue magnifique sur Jersey City, Ellis Island et la statue de la Liberté.

Tournez à gauche dans Rector Place, puis à droite dans South End Avenue, afin de rejoindre South Cove.

South Cove ★ [4]

Œuvre environnementale très étendue inaugurée en 1988, South Cove veut illustrer les rencontres entre la ville et la nature, le passé et le présent, la terre et l'eau. Ces mariages de contraires sont représentés par des aménagements de roches, de plantes, de structures métalliques et de rondins rappelant de vieux quais.

Empruntez les sentiers qui traversent South Cove et mènent au Museum of Jewish Heritage. Longez le musée pour accéder à l'entrée principale, sur Battery Place.

Museum of Jewish Heritage – A Living Memorial to the Holocaust ★★ [5]

12$, entrée libre mer 16h à 20h, dim-mar et jeu 10h à 17h45, mer 10h à 20h, ven 10h à 17h, 36 Battery Place, 646-437-4202, www.mjhnyc.org

Le Museum of Jewish Heritage retrace les différentes migrations de la communauté juive au XXe siècle. Au rez-de-chaussée sont exposés des objets relatant la vie quotidienne des différentes communautés juives d'Europe et d'Amérique. Le niveau 2 est consacré à l'Holocauste, présenté à travers des témoignages de survivants. Enfin, le niveau 3 aborde la création de l'État d'Israël et l'évolution de la communauté juive aux États-Unis après la guerre.

1. L'impressionnant Winter Garden du World Financial Center. © Philippe Renault/hemis.fr

2. L'Esplanade, agréable promenade de 1,5 km le long du fleuve Hudson. © Malcolm Brown/NYC & Co

En sortant du musée, tournez à gauche dans Battery Place et rejoignez l'entrée du Battery Park, à l'angle de West Street.

Battery Park ★★ [6]

En 1693, une batterie de 92 canons est installée sur la pointe sud de l'île de Manhattan, donnant son nom à l'actuel site du Battery Park. L'ensemble, qui comprenait également le vieux fort hollandais de La Nouvelle-Amsterdam, sera d'abord baptisé «Fort George», avant d'être rasé lors de la reconstruction de la ville qui a suivi les péripéties de la guerre de l'Indépendance. Ses hauts remparts de terre serviront de remblais dans la baie, contribuant à créer le site du parc que l'on connaît maintenant.

Battery Park City, la statue de la Liberté et Ellis Island

Battery Park City, la statue de la Liberté et Ellis Island

Le Battery Park et les gratte-ciel de Lower Manhattan. © iStockphoto.com/Eniko Balogh

À voir, à faire ★

1. BV Winter Garden / World Financial Center
2. BV North Cove
3. AW Esplanade
4. AX South Cove
5. AX Museum of Jewish Heritage – A Living Memorial to the Holocaust

6. BY Battery Park
7. AY Castle Clinton
8. CZ Staten Island Ferry
9. AZ Statue de la Liberté
10. AZ Ellis Island

Cafés et restos ●

11. BV Così

1. La célèbre statue de la Liberté. © Shutterstock.com/Emin Kuliyev
2. Le Staten Island Ferry et l'une des vues spectaculaires qu'il offre sur la ville.
© iStockphoto.com/Frank van den Bergh

Battery Park City, la statue de la Liberté et Ellis Island

Castle Clinton ★ [7]
*entrée libre; tlj 8h30 à 17h; Battery Park,
212-344-7220, www.nps.gov/cacl*
En arrivant dans le Battery Park, vous apercevrez le Castle Clinton, un ancien fort circulaire en grès brun rosé, érigé en 1812 pour défendre le port de New York contre une éventuelle attaque britannique. La cour intérieure du fort sert de nos jours de comptoir de vente des billets pour les *ferries* (traversiers) conduisant à Ellis Island et à la statue de la Liberté (voir ci-dessous).

Staten Island Ferry ★★★ [8]
*gratuit; départs réguliers 24 heures sur 24;
à l'extrémité sud de State St., dans le prolongement de Broadway*
Le Staten Island Ferry est amarré au Staten Island Ferry Terminal, qui avoisine le Battery Park à l'est. Ce traversier dessert Staten Island, le plus tranquille des cinq *boroughs*

de New York. Le voyage aller-retour jusqu'à Staten Island dure environ 45 min et permet de profiter d'une vue spectaculaire de la ville, surtout en soirée lorsqu'elle brille de tous ses feux.

Statue de la Liberté ★★★ [9]
ferry 12$ aller-retour, billets au Castle Clinton; départ au Battery Park toutes les demi-heures entre 9h et 15h30; entrée libre sur le site de Liberty Island, tlj 9h à 17h; un laissez-passer gratuit est requis pour accéder au musée situé à l'intérieur du monument et à la plateforme d'observation du piédestal: réservations 877-523-9849 ou www.statuecruises.com – un nombre limité de laissez-passer est aussi offert à bord du ferry et au Castle Clinton à compter de 9h; www.nps.gov/stli
La statue de la Liberté s'élève à 93 m au-dessus du niveau de la mer, soit l'équivalent d'un immeuble de 25 étages. À elle seule, la structure métallique intérieure d'Eiffel fait 46 m de haut. Les visiteurs peuvent

pénétrer dans le hall du monument, profiter de la promenade extérieure et du Fort Wood, et ainsi jouir de vues exceptionnelles sur la statue de la Liberté et sur le port de New York. L'accès à la plateforme d'observation du **piédestal** permet également de voir la structure intérieure de la statue à travers un plafond de verre. Quant à la plateforme située dans la **couronne**, elle offre une vue grandiose sur Downtown Manhattan et sur Brooklyn. Il faut par contre monter les 354 marches qui y mènent et réserver son billet à l'avance *(3$ en plus de l'aller-retour en navette maritime; 877-523-9849, www.statuecruises.com)*. À noter que la statue subira des travaux de rénovation à compter d'octobre 2011 et qu'elle sera fermée aux visiteurs pendant environ un an.

Un auguste cadeau

Pour commémorer le centenaire de l'indépendance américaine, obtenue en 1776, le sculpteur parisien Frédéric Auguste Bartholdi (1834-1904) soumet un projet de statue sans précédent dans le monde de l'art. Il propose en effet de greffer, sur une structure de fer conçue par l'ingénieur Gustave Eiffel, 300 plaques de cuivre auxquelles il donnera la forme d'une grande dame, qu'il baptisera officiellement *La Liberté éclairant le monde*. Il suggère que la gigantesque œuvre d'art ainsi créée soit offerte au gouvernement américain. Après avoir choisi un emplacement dans la baie de New York, Bartholdi se met au travail en 1874, prenant pour modèle sa mère, figure sereine au regard volontaire. Bientôt, on voit surgir de son atelier du 17e arrondissement le buste de la statue, sur lequel repose la Déclaration d'indépendance des États-Unis, ainsi que son bras élevé tenant la torche de la Liberté.

Pendant ce temps, aux États-Unis, on s'affaire à élever le piédestal qui doit recevoir la statue. Un ancien fort en étoile, érigé en 1808, sert de base à une structure de pierre bossagée, dessinée par l'architecte Richard Morris Hunt, sur laquelle est gravé un poème d'Emma Lazarus célébrant les vertus de l'Amérique, terre de liberté. Après plusieurs difficultés financières et techniques, la statue de la Liberté est finalement inaugurée le 28 octobre 1886.

Battery Park City, la statue de la Liberté et Ellis Island

Ellis Island, témoin privilégié de l'histoire de l'immigration en Amérique.
© Dreamstime.com/ Ron Chapple Studios

Ellis Island ★★ [10]

le ferry (voir « statue de la Liberté » ci-dessus) s'arrête d'abord au quai de Liberty Island avant de poursuivre son chemin vers Ellis Island; 212-363-3200, www.nps.gov/elis et www.ellisisland.org

On estime à 120 millions le nombre d'Américains dont les ancêtres sont passés par Ellis Island entre 1892 et 1954, soit environ de 40% de la population actuelle des États-Unis. Fermé définitivement en 1954, le vaste complexe d'Ellis Island a depuis été partiellement transformé en un centre d'interprétation de l'immigration aux États-Unis.

Les salles d'exposition de l'**Ellis Island Immigration Museum** retracent les différentes étapes de l'histoire du lieu et de l'immigration en Amérique. En sortant de l'édifice principal du complexe, on aperçoit, de l'autre côté du quai, un ensemble de bâtiments abandonnés, noyés dans la verdure. Il s'agit de l'ancien hôpital autrefois réservé aux malades contagieux. Enfin, le mur de béton qui délimite l'île se double d'un long ruban de bronze sur lequel sont gravés les noms des milliers d'immigrants qui sont passés par Ellis Island et qui ont ensuite connu le succès aux États-Unis. Au moment de mettre sous presse, certains secteurs d'Ellis Island étaient fermés au public pour des travaux de rénovation qui devraient s'étendre jusqu'au printemps 2012. Pensez à vérifier si les attraits que vous souhaitez visiter sont bel et

bien ouverts avant d'acheter votre billet.

Cafés et restos

(voir carte p. 37)

Così $ [11]
World Financial Center, 200 Vesey St., entre West St. et N. End Ave., 212-571-2001, www.getcosi.com

Così fait partie des quelques restaurants installés de part et d'autre du **Winter Garden** (voir p. 34), dans le World Financial Center. C'est un bon endroit pour vous procurer un sandwich ou une salade que vous pourrez déguster, si la température le permet, sur l'esplanade aménagée face au fleuve Hudson.

3 ↘

Chinatown, Little Italy et Lower East Side

À voir, à faire

(voir carte p. 45)

Dès le XVIIᵉ siècle, New York est considérée comme une ville cosmopolite rassemblant des personnes d'ethnies et de langues variées. Le besoin naturel de se regrouper en terre étrangère a alors engendré la création de quartiers multiculturels à travers la ville. Parmi les premiers quartiers de ce genre, on compte le Chinatown, la Little Italy et le Lower East Side (l'ancien quartier des Juifs d'Europe de l'Est), tous voisins, de part et d'autre de Canal Street dans le sud de Manhattan.

Selon certains, le Chinatown de Manhattan serait le plus grand quartier chinois des États-Unis; selon d'autres, ce serait plutôt celui de San Francisco, mais bon...

Ayant pour axe principal Mott Street, ce quartier de la communauté asiatique (surtout chinoise, mais aussi vietnamienne, cambodgienne, thaïlandaise, malaisienne et coréenne) s'est étalé dans la Little Italy au nord et sur le Lower East Side à l'est. Ses étalages de fruits exotiques en bordure des étroits trottoirs, ses nombreux restaurants et ses boutiques d'articles copiés *Made in China* – à prix presque aussi bas qu'en Extrême-Orient – en font un lieu mythique pour les touristes et les chasseurs d'aubaines.

La Little Italy de Manhattan ne se résume plus guère de nos jours qu'à une seule rue, Mulberry Street, le reste du vieux quartier italien de New York ayant été grugé par le Chinatown. L'âme du vieux quar-

Le vibrant Chinatown de Manhattan. © Mathieu Dupuis

tier des immigrants qui ont bâti New York dans la sueur et la promiscuité flotte néanmoins toujours sur le secteur. En outre, l'ambiance de fête perpétuelle qui règne sur la modeste ruelle décorée de petits drapeaux s'amplifie en septembre, alors qu'on y célèbre la fête de San Gennaro (saint Janvier). Cette fête religieuse, en l'honneur du saint napolitain, sert de prétexte à l'organisation d'un festival pittoresque où la cuisine italienne est à l'honneur.

Aujourd'hui, le Lower East Side est devenu un quartier mixte, les centaines de milliers de Juifs qui le peuplaient autrefois l'ayant déserté à partir de 1950. On y trouve toutefois encore de précieux témoins d'un mode de vie aujourd'hui disparu. Au cours des deux dernières décennies du XIXe siècle, 1,4 million de Juifs

ont fui les persécutions en Pologne, en Roumanie et en Russie. Près de la moitié d'entre eux se sont installés dans le Lower East Side, apportant dans leurs bagages différentes traditions de l'Europe de l'Est qui ont notamment donné naissance à une cuisine maintenant perçue comme typiquement américaine (sandwichs *pastrami on rye*, *bagels*, etc.). Le quartier est aussi populaire en soirée, avec ses nombreux bars présentant les meilleurs jeunes groupes de musique new-yorkais.

Ce circuit alliant la visite du Chinatown, de la Little Italy et du Lower East Side débute à l'angle de Broadway et de Canal Street. Empruntez d'abord Canal Street vers l'est, en direction de Mott Street.

Chinatown, Little Italy et Lower East Side

Un bâtiment aux couleurs de l'Italie dans le quartier de Little Italy. © iStockphoto.com/Terraxplorer

À voir, à faire ★

1.	AY	Canal Street
2.	BY	Mott Street
3.	AZ	Columbus Park
4.	CZ	Manhattan Bridge
5.	BY	Mulberry Street
6.	BY	Museum of Chinese in America
7.	CX	New Museum
8.	CY	Lower East Side Tenement Museum

Cafés et restos ●

9.	BX	Café Habana
10.	BZ	Chinatown Ice Cream Factory
11.	BY	Jing Fong Restaurant
12.	CX	Katz's Delicatessen
13.	BX	Lombardi's Pizza
14.	BY	Nyonya

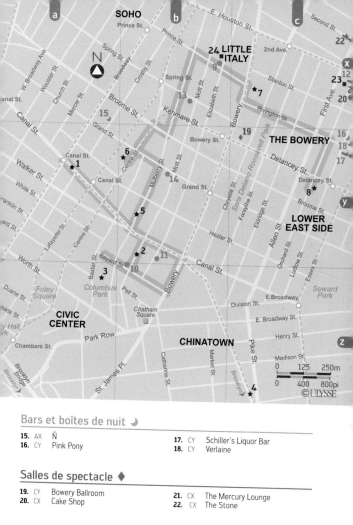

Bars et boîtes de nuit 🌙

15. AX Ñ
16. CY Pink Pony

17. CY Schiller's Liquor Bar
18. CY Verlaine

Salles de spectacle ♦

19. CY Bowery Ballroom
20. CX Cake Shop

21. CX The Mercury Lounge
22. CX The Stone

Lèche-vitrine ■

23. CX Doyle & Doyle

24. BX Le Labo

restaurants dont les menus sont conçus pour des clients d'origine chinoise et non pour des touristes.

Columbus Park ★ [3]

Si vous avez envie de faire une pause «verte» au cœur du China-town, arrêtez-vous dans le **Columbus Park ★**, un beau petit parc situé à l'angle de Bayard Street et Mulberry Street. Les gens du quartier s'y rassemblent pour jouer de la musique, pratiquer leur tai-chi ou disputer une partie amicale de mah-jong. Il est entouré d'une variété de bons comptoirs de mets à emporter, de sorte que vous pourrez en profiter pour prendre votre déjeuner dehors.

En sortant du parc, empruntez Bayard Street jusqu'au Bowery et tournez à gauche pour rejoindre Canal Street.

Canal Street ★ [1]

Canal Street est la grande artère touristique du Chinatown, avec ses enseignes multicolores en chinois, ses mille et un marchands d'articles copiés des grandes marques et ses comptoirs de nourriture (admirez la variété des fruits de mer de l'Atlantique). Les larges trottoirs sont parfois trop étroits pour la foule de la fin de semaine.

Tournez à droite dans Mott Street.

Mott Street ★★ [2]
entre Worth St. et Canal St.

Lorsque l'on emprunte Mott Street, on pénètre dans ce qui reste du cœur du quartier chinois de New York, car cette portion du Chinatown a fort peu changé depuis le début du XXᵉ siècle. Plus authentiques, on trouve dans les rues Mott et sa voisine Bayard des boutiques et des

Manhattan Bridge ★★ [4]
à l'est du Bowery, dans l'axe de Canal St.

La construction du Manhattan Bridge en 1905 a permis de désengorger le Brooklyn Bridge, situé quelques centaines de mètres plus au sud. Son arc triomphal, disposé à l'entrée, célèbre la fusion, en 1898, des villes de Brooklyn et de New York, et se veut la «porte d'entrée» du *borough* de Brooklyn, situé sur l'autre rive.

Tournez à gauche dans Canal Street, puis à droite dans Mulberry Street.

Mulberry Street ★ [5]
entre Canal St. et E. Houston St.

Aussitôt après avoir tourné le coin de Mulberry Street, le visiteur pénètre

1. Le Columbus Park, idéal pour une pause « verte » dans le Chinatown.
© Pierre Ledoux

2. Le New Museum, dynamique lieu de diffusion de l'art contemporain.
© Courtesy New Museum

Chinatown, Little Italy et Lower East Side

de plain-pied dans la Little Italy. Le vieux quartier italien de New York, de plus en plus envahi par le Chinatown, se limite désormais à cette rue étroite, agrémentée du mobilier coloré des terrasses, aménagées devant les restaurants italiens qui la bordent. Des années 1920 aux années 1970, la rue était le « quartier général » de la mafia de New York. Plusieurs personnalités du monde interlope y ont été assassinées, souvent après un copieux repas pris dans l'un de ses meilleurs restaurants.

Tournez à gauche dans Grand Street, puis à gauche dans Centre Street.

Museum of Chinese in America ★ [6]

7$; lun et ven 11h à 17h, jeu 11h à 21h, sam-dim 10h à 17h; 215 Centre St., entre les rues Grand et Howard, 212-619-4785, www.mocanyc.org
Pour en savoir davantage sur l'épopée des Chinois dans les Amériques, on se rend au Museum of Chinese in America. Réinstallé en 2009 dans un bâtiment ultramoderne, le « MOCA » présente le passé et les archives de l'immense diaspora chinoise des États-Unis.

Tournez à droite dans Broome Street afin de retourner vers Mulberry Street. Empruntez cette dernière rue en direction nord (à gauche). Tournez à droite dans Prince Street, que vous emprunterez jusqu'au Bowery.

New Museum ★★ [7]

12$, entrée libre jeu 19h à 21h, mer et ven-dim 11h à 18h, jeu 11h à 21h; 235 Bowery, angle Prince St., 212-219-1222, www.newmuseum.org
L'édifice du New Museum vaut à lui seul le détour. Cette superposition déséquilibrée de cubes d'aluminium anodisé étincelant, faisant sept étages, contraste avec le profil bas du Lower East Side. Le musée expose les œuvres d'art les plus innovantes et courageuses en matière d'art

Le Lower East Side Tenement Museum évoque la vie des immigrants à la fin du XIXe siècle.
© Courtesy the Lower East Side Tenement Museum/Keiko Niwa

contemporain, mais le bâtiment vole carrément la vedette avec ses salles d'exposition immenses et ses escaliers très étroits. Ne manquez pas la vue panoramique qu'offre la Sky Room, au septième étage.

Empruntez le Bowery vers le sud. Tournez à gauche dans Rivington Street puis à droite dans Orchard Street pour rejoindre le Lower East Side.

Lower East Side Tenement Museum ★★ [8]

20$; visites guidées d'anciens appartements tlj 11h à 17h; 108 Orchard St., 212-982-8420, www.tenement.org

Le Lower East Side est le secteur de New York où s'installent traditionnellement les immigrants récents, avant de se regrouper ailleurs dans la ville ou de se disperser à travers l'Amérique. Le quartier était, au début du XXe siècle, le plus densément peuplé au monde. Ses appartements, étroits, souvent insalubres et sombres, ont constitué pendant plusieurs décennies le seul univers de légions de familles pauvres.

Pour vraiment découvrir la vie des immigrants de la fin du XIXe siècle dans le Lower East Side, il faut prendre part aux fascinantes visites guidées organisées par le Lower East Side Tenement Museum. Ces visites commentées donnent accès à d'anciens immeubles d'habitation partiellement restaurés du quartier. Au cours des six visites thématiques que propose le musée, des guides et acteurs en costumes d'époque nous expliquent le quotidien de ces immigrants juifs, italiens, russes, allemands, grecs et irlandais.

Cafés et restos

(voir carte p. 45)

Café Habana $ [9]
17 Prince St., angle Elizabeth St.,
212-625-2001, www.ecoeatery.com

La jeunesse branchée du quartier de Nolita (*North of Little Italy*) se rend au minuscule Café Habana pour grignoter quelques bouchées cubaines ou mexicaines accompagnées d'un bon café.

Chinatown Ice Cream Factory $ [10]
65 Bayard St., angle Mott St., 212-608-4170,
www.chinatownicecreamfactory.com

Ici, on sert de délicieux cornets de crème glacée, dont certains parfums nous rappellent immédiatement qu'on est dans le quartier chinois (litchi, thé au jasmin).

Jing Fong Restaurant $-$$ [11]
20 Elizabeth St., entre Bayard St. et Canal St.,
212-964-5256, www.jingfongny.com

Dépaysement garanti dans ce restaurant emblématique du Chinatown, spécialisé dans les plats de *dim sum*, ce repas traditionnel cantonais.

Nyonya $-$$ [14]
199 Grand St., entre Mulberry St. et Mott St.,
212-334-3669, www.ilovenyonya.com

Le Nyonya est un restaurant malaisien qui sert cette fabuleuse cuisine au confluent des plats indiens, thaïs et chinois. Une expérience d'un exotisme rare à petit prix.

Katz's Delicatessen $$ [12]
205 E. Houston St., angle Ludlow St.,
212-254-2246, www.katzdeli.com

Établi depuis 1888 dans le Lower East Side, Katz's est l'un des *delis* qui s'imposent à New York. Les files sont parfois longues, mais l'attente en vaut la peine puisqu'on y sert, selon plusieurs, le meilleur sandwich au pastrami de New York.

Lombardi's Pizza $$ [13]
32 Spring St., angle Mott St., 212-941-7994,
www.firstpizza.com

Ouverte en 1905, Lombardi's se réclame du titre de première pizzeria des États-Unis. La pizza qui sort de son four à charbon fait tellement courir les amateurs qu'il vaut mieux venir y manger… entre les heures des repas!

Bars et boîtes de nuit *(voir carte p. 45)*

Ñ [15]
33 Crosby St., entre Broome St. et Grand St.,
212-219-8856

Pour épancher votre soif d'exotisme, allez au Ñ. Ce bar tout en longueur est très apprécié des New-Yorkais, notamment pour ses délicieux xérès. On y sert aussi de très bonnes tapas.

Pink Pony [16]
176 Ludlow St., entre Houston St. et Stanton St., 212-253-1922, www.pinkponynyc.com

Ambiance littéraire et bohème dans ce café-bar où les fidèles du Lower East Side viennent prendre l'apéritif ou manger un morceau.

Chinatown, Little Italy et Lower East Side

Chinatown, Little Italy et Lower East Side

Le Labo, une parfumerie où il est possible de créer sa propre fragrance.
© Fabrice Penot

Schiller's Liquor Bar [17]
131 Rivington St., angle Norfolk St.,
212-260-4555, www.schillersny.com
Le Schiller's combine bistro et bar,
et réunit tous les soirs une clientèle
d'habitués.

Verlaine [18]
110 Rivington St., entre Essex St. et Ludlow
St., 212-614-2494, www.verlainenyc.com
Le Verlaine offre une ambiance feutrée et un *happy hour (tlj 17h à 22h)*
qui permet de siroter de très bons
cocktails pour 5$.

Salles de spectacle et activités culturelles

(voir carte p. 45)

The Stone [22]
angle Avenue C et Second St., pas de
téléphone, www.thestonenyc.com

Jazz moderne et musique expérimentale.

Bowery Ballroom [19]
6 Delancey St., angle Bowery, 212-533-2111,
www.boweryballroom.com
Rock *indy*.

Cake Shop [20]
152 Ludlow St., entre Rivington St. et Stanton
St., 212-253-0036, www.cake-shop.com
Rock *indy*, théâtre et événements
littéraires.

The Mercury Lounge [21]
217 E. Houston St., entre Avenue A et Essex
St., 212-260-4700,
www.mercuryloungenyc.com
Rock *indy*.

Lèche-vitrine

(voir carte p. 45)

Bijouteries

Doyle & Doyle [23]
189 Orchard St., entre Stanton St. et E.
Houston St., 212-677-9991,
www.doyledoyle.com
Art déco, rétro, contemporain, Doyle
& Doyle est la petite boîte aux trésors du Lower East Side.

Produits de beauté

Le Labo [24]
233 Elizabeth St., entre Prince St. et
Houston St., 212-219-2230,
www.lelabofragrances.com
Pour un parfum unique, rendez-vous
dans cette boutique-laboratoire
très originale où il est possible de
créer sa propre fragrance.

4 ↘

SoHo et TriBeCa

À voir, à faire

(voir carte p. 55)

Très agréable à explorer, le minuscule mais célèbre quartier de SoHo (**So**uth of **Ho**uston Street) regroupe la plus forte concentration de bâtiments à façade en fonte au monde. Construits entre 1850 et 1890, ces étonnants immeubles néo-Renaissance, où s'étaient installées autrefois des manufactures de vêtements, abritent depuis les années 1970 un grand nombre de galeries d'art, de studios de design, de boutiques et de bistros à la mode.

La visite de TriBeCa et SoHo débute à l'angle de Broadway et de Canal Street.

TriBeCa

Avant de pénétrer dans SoHo, on se dirigera vers le sud, sur Broad- way, afin de voir quelques beaux exemples d'architecture à ossature de fonte de TriBeCa. Ce quartier d'entrepôts du XIXe siècle forme un triangle approximatif au sud de Canal Street, entre West Street et Broadway, d'où son nom, diminutif de **Tri**angle **Be**low **Ca**nal Street. Alors que les immenses lofts en bordure du fleuve Hudson sont peu à peu transformés en immeubles résidentiels de luxe, le centre de TriBeCa conserve son architecture d'origine et son ambiance de quartier. Boutiques et restaurants essaiment dans Hudson Street et Greenwich Street, et un beau parc se trouve à l'angle de Greenwich Street et de Chambers Street, le **Washington Market Park** [1].

Empruntez Chambers Street en direction ouest pour rejoindre le bord de l'eau.

Hudson River Park ★★ [2]
www.hudsonriverpark.org

Plus grand parc de Manhattan après Central Park, l'agréable Hudson River Park longe la rivière du même nom sur le côté ouest de l'île de Manhattan entre le Battery Park au sud et 59th Street au nord. Il abrite une belle promenade et une piste cyclable qui permettent de s'évader du brouhaha de Manhattan et de contempler la rivière Hudson et la statue de la Liberté au loin. Il comprend également des terrains de tennis, de basketball et de soccer, des quais où sont présentés différents événements culturels en été et des installations récréatives pour toute la famille.

Revenez au point de départ du circuit et empruntez Canal Street vers l'ouest avant de tourner à droite dans Greene Street.

Greene Street ★★ [3]

En parcourant la charmante Greene Street, on peut contempler plusieurs façades en fonte. Ce matériau permettait à la fois de réaliser des décors complexes à peu de frais et de diminuer les risques d'incendies. En outre, la structure intérieure de ces bâtiments, en partie supportée par des piliers faits du même matériau, permettait d'installer sur les différents étages une machinerie fort lourde que des piliers de bois n'auraient pas pu supporter.

Marchez dans Greene Street en direction nord jusqu'à Spring Street.

Spring Street ★ Prince Street ★ et West Broadway ★

Spring Street [4], tout comme sa sœur jumelle Prince Street au nord, constitue le temple incontesté du

1. Quelques bâtiments à façade de fonte typiques du quartier de SoHo. © Mathieu Dupuis

2. Le quartier de SoHo et ses nombreuses boutiques tendance. © Philippe Renault/hemis.fr

magasinage tendance à New York. **West Broadway** [6], qui relie ces deux ruelles pavées, et que certains décrivent comme le Saint-Germain-des-Prés new-yorkais, donne un avant-goût du lèche-vitrine qui attend les aficionados au cœur du quartier de SoHo. La concentration de boutiques chics y est saisissante: Intermix, Lacoste, French Connection, Calvin Klein, etc. Autant de grandes marques qui essaiment leurs succursales dans ces rues emblématiques du quartier. La faune locale, assortie aux mannequins des devantures de magasins et que l'on croirait tout droit sortie des pages de *Vogue*, offre souvent un spectacle aussi passionnant que les boutiques elles-mêmes.

Dans **Prince Street** [5], on remarque une belle fresque murale en trompe-l'œil, réalisée par le peintre Richard Haas en 1975. Il s'agit d'une fausse façade d'immeuble représentée sur le mur latéral aveugle du bâtiment situé au 112-114 Prince Street. Cette œuvre urbaine est devenue, au fil des ans, un véritable symbole de la renaissance de SoHo.

Toujours dans Prince Street, vous pourrez sortir des sentiers battus en explorant l'artère à l'est de Broadway. Les boutiques y sont plus récentes, osées et innovantes. Certaines rues transversales, comme Elizabeth Street, constituent le repaire de designers émergents qui y trouvent des loyers plus abordables.

SoHo et TriBeCa

À voir, à faire ★

1. BZ Washington Market Park
2. AY Hudson River Park
3. DY Greene Street
4. DY Spring Street
5. DX Prince Street
6. DX West Broadway

Cafés et restos ●

7. CX Aquagrill
8. DY Balthazar
9. CX Blue Ribbon
10. DY L'Ecole
11. EY La Esquina Corner Deli
12. BZ Nobu
13. BZ Nobu Next Door
14. DX Once Upon a Tart
15. CZ Stuzzicheria
16. BZ Terroir
17. DX The Mercer Kitchen

Bars et boîtes de nuit ♪

18. DY Bar 89
19. CZ Bubble Lounge
20. EX Pegu Club
21. EX Pravda
22. DX S.O.B.'s
23. EY The Vig Bar

Lèche-vitrine ■

24. EX Dean & Deluca
25. DY Lucky Brand Jeans
26. DX m0851
27. DX Miu Miu
28. DX Paul Smith
29. DY Pearl River Mart
30. DY Sabon
31. EX Steve Madden
32. DX Varda

Hébergement ▲

33. DX Mercer Hotel
34. CY SoHo Grand Hotel

Cafés et restos
(voir carte p. 55)

Once Upon a Tart *$* [14]
135 Sullivan St., entre Prince St. et Houston St., 212-387-8869, www.onceuponatart.com

Vous mangerez ici de délicieux sandwichs et, bien sûr, des tartes odorantes et succulentes.

La Esquina Corner Deli *$$-$$$* [11]
114 Kenmare St., entre Mott St. et Elizabeth St., 646-613-7100, www.esquinanyc.com

Très courue, La Esquina propose une délicieuse cuisine mexicaine à mi-chemin entre le traditionnel et le populaire. Une des adresses en vogue à Manhattan.

Terroir *$$-$$$* [16]
24 Harrison St., entre Greenwich Ave. et Staple St., 212-625-9463, www.wineisterroir.com

Dans ce grand et chaleureux bar à vins sans prétention, on mange de petites bouchées ou des plats plus consistants qui se marient bien à la large et électique sélection de vins.

Nobu Next Door *$$$* [13]
105 Hudson St., angle Franklin St., 212-334-4445, www.noburestaurants.com

Comme il est pratiquement impossible d'obtenir une table chez **Nobu** (voir p. 57) sans avoir réservé plusieurs semaines à l'avance, les propriétaires ont eu la merveilleuse idée d'ouvrir Nobu Next Door pour les «sans réservations».

Aquagrill *$$$-$$$$* [7]
210 Spring St., angle Sixth Ave., 212-274-0505, www.aquagrill.com

Bon nombre de New-Yorkais considèrent l'Aquagrill comme la référence en matière de poissons et de fruits de mer. *Raw bar* et belle terrasse en été.

Balthazar *$$$-$$$$* [8]
80 Spring St., angle Crosby St., 212-965-1414, www.balthazarny.com

Chez Balthazar, on sert non seulement une cuisine française classique (cassoulet, bouillabaisse, confit de canard, etc.), mais aussi des plats plus simples tel le steak-frites.

Blue Ribbon *$$$-$$$$* [9]
97 Sullivan St., entre Prince St. et Spring St., 212-274-0404, www.blueribbonrestaurants.com

Le point de mire de ce resto branché est le bar à sushis où les gourmets s'agglutinent pour observer le ballet des chefs qui préparent une cuisine nippone de haute voltige.

1. La Esquina Corner Deli, l'une des adresses les plus courues de Manhattan.
© Gillian Crosson

2. The Mercer Kitchen, un pilier de la scène gastronomique new-yorkaise.
© Thomas Loof

L'Ecole $$$-$$$$ [10]
462 Broadway, angle Grand St., 212-219-3300, www.frenchculinary.com

Ce sont les étudiants de l'Institut d'art culinaire français de New York qui sévissent au restaurant L'Ecole, sous le regard attentif de leurs professeurs. Les menus à prix fixe offrent un excellent rapport qualité/prix.

Stuzzicheria $$$-$$$$ [15]
305 Church St., angle Walker St., 212-219-4037, www.stuzzicheriatribeca.com

Le Stuzzicheria attire les *foodies* de TriBeCa avec ses petites bouchées (*stuzzichinis*) et ses grands plats qui font honneur au meilleur de la cuisine italienne.

The Mercer Kitchen $$$-$$$$ [17]
The Mercer Hotel, 99 Prince St., angle Mercer St., 212-966-5454, www.mercerhotel.com

Lieu de pèlerinage des *foodies*, The Mercer Kitchen de Jean-Georges Vongerichten demeure un pilier de la scène gastronomique new-yorkaise avec sa cuisine ensoleillée d'inspiration méditerranéenne et asiatique.

Nobu $$$$ [12]
105 Hudson St., angle Franklin St., 212-219-0500, www.noburestaurants.com

Oubliez tous les autres sushis du monde lorsque vous entrez chez Nobu, où le chef Nobu Matsuhisa se surpasse dans l'invention de nouvelles saveurs nippones.

Bars et boîtes de nuit *(voir carte p. 55)*

Bar 89 [18]
89 Mercer St., entre Broome St. et Spring St., 212-274-0989, www.bar89.com

Ce bar présente un décor très léché. On y sert à la carte des cocktails surdimensionnés et très bien dosés.

1. Le Pegu Pub et son ambiance intime.
© Alexo Warldoel

2. L'épicerie de luxe Dean & Deluca.
© Dean & Deluca

Bubble Lounge [19]
228 W. Broadway, entre Franklin St. et White St., 212-431-3433, www.bubblelounge.com

La sélection de mousseux du Bubble Lounge saura satisfaire sans nul doute les besoins et les caprices des hédonistes.

Pegu Club [20]
77 W. Houston St., 2ᵉ étage, angle Broadway, 212-473-7348, www.peguclub.com

Ce joli petit *cocktail club* un peu caché offre une ambiance tamisée et intime pour siroter de délicieux et surprenants cocktails.

Pravda [21]
281 Lafayette St., entre Prince St. et Houston St., 212-226-4944, www.pravdany.com

Une clientèle BCBG, des serveuses racées qui font battre le cœur des clients, un excellent choix de vodkas et de martinis et un décor intime, voilà ce qui vous attend au Pravda.

S.O.B.'s [22]
204 Varick St., angle Houston St., 212-243-4940, www.sobs.com

Boîte de nuit aux consonances *world beat*, le S.O.B.'s est très prisé des résidents et des touristes qui viennent se trémousser sur des rythmes vibrants de reggae, de salsa, de raï et de merengue.

The Vig Bar [23]
12 Spring St., angle Elizabeth St., 212-625-0011, www.vigbar.com

Adresse furieusement tendance, le Vig Bar est un *lounge* intime qui fédère une clientèle plutôt décontractée. Cocktails sulfureux et diaboliquement délicieux.

Lèche-vitrine

(voir carte p. 55)

Alimentation

Dean & Deluca [24]
560 Broadway, angle Prince St., 212-226-6800, www.deananddeluca.com

À New York, le royaume des gourmets s'appelle Dean & Deluca, une épicerie de luxe qui propose à la fois des fruits et légumes, une boulangerie, une pâtisserie, une boucherie, des plats à emporter, des produits d'épicerie fine et une variété d'articles pour la cuisine.

Chaussures

Steve Madden [31]
540 Broadway, entre Prince St. et Spring St., 212-343-1800, www.stevemadden.com

Connu pour son style « rétro-chic », Steve Madden possède plusieurs succursales à Manhattan, dont cel-le-ci dans SoHo.

Varda [32]
147 Spring St., entre Wooster St. et W. Broadway, 212-941-4990, www.vardashoes.com

Ce chausseur italien a conquis nombre de New-Yorkaises, attirées par sa touche européenne et ses coupes impeccables.

Décoration

Pearl River Mart [29]
477 Broadway, entre Grand St. et Broome St., 212-431-4770, www.pearlriver.com

Le grand magasin chinois Pearl River Mart vend mille et un produits pour la maison, des objets de décoration aux ustensiles de cuisine en passant par de ravissants services à thé et même quelques habits chinois traditionnels. On y passerait bien des heures…

Produits de beauté

Sabon [30]
93 Spring St., entre Mercer St. et Broadway, 212-925-0742, www.sabonnyc.com

Chez Sabon, on trouve mille et un produits pour le corps, savons, sels de bain, crèmes hydratantes, gommages, huiles essentielles, etc.

Vêtements et accessoires

Lucky Brand Jeans [25]
38 Greene St., angle Grand St., 212-625-0707, www.luckybrand.com

Collection de vêtements décontractés pour hommes et femmes. On retrouve le style Levis mais à des prix autrement plus élevés, «branchitude» oblige.

m0851 [26]
106 Wooster St., entre Spring St. et Prince St., 212-431-3069, www.m0851.com

On reconnaît facilement cette marque montréalaise à la couleur vive de ses cuirs travaillés avec soin. Style décontracté et matières souples.

Miu Miu [27]
100 Prince St., entre Greene St. et Mercer St., 212-334-5156, www.miumiu.com

Miu Miu appartient à Miuccia Prada et offre un bon choix de vêtements à des prix moindres que dans ses autres boutiques.

Paul Smith [28]
142 Greene St., entre Houston St. et Prince St., 646-613-3060, www.paulsmith.co.uk

Le chic décontracté selon le créateur britannique Paul Smith. Superbes coupes, belle qualité de tissus et une allure folle… Les hommes trouveront ici leur bonheur.

Greenwich Village et West Village

5

Greenwich Village et West Village

À voir, à faire

(voir carte p. 63)

Le quartier de Greenwich Village, dont le nom se prononce « grène-itch » et non « grînn-witch » (et c'est là que l'on distingue ceux qui connaissent véritablement New York!), s'étend de Houston Street à 14th Street, entre Broadway et Sixth Avenue. Il est bordé à l'ouest par West Village, que l'on reconnaît à sa trame de rues, disposée de biais par rapport à celle des *avenues* et des *streets* d'autres quartiers.

Depuis 1850, Greenwich Village et West Village sont synonymes d'une certaine bohème à la new-yorkaise. Écrivains, peintres et sculpteurs ont été les premiers à s'y installer, à l'instar d'Edgar Allan Poe et de Mark Twain. Au cours des années 1920, des artistes sans le sou y élisent domicile à l'instigation de la mécène et sculpteure Gertrude Vanderbilt Whitney, qui allait plus tard fonder le beau musée d'art américain qui porte son nom (voir p. 140).

Après 1950, les beatniks (Jack Kerouac et compagnie) se rencontrent dans les cafés de West Village, qui se comparent alors à ceux de Saint-Germain-des-Prés, à Paris. À la même époque, le « Village » voit se développer le ferment de la révolution gay qui a balayé l'Amérique au cours des années 1970.

Le circuit de Greenwich Village débute à l'angle de West 10th Street et Fifth Avenue.

English Terrace Row [1]
West 10th St. entre Fifth Ave. et Sixth Ave.

Greenwich Village, bastion d'un mode de vie bohème à la new-yorkaise. © Ludovic Bertron

En marchant dans West 10th Street en direction est, vous croiserez un bel ensemble de maisons en rangée revêtues de *brownstone* typique de New York. Cet ensemble, baptisé «English Terrace Row» *(20-38 W. 10th St.)*, a été dessiné par l'ingénieur James Renwick Junior en 1858.

Jefferson Market Courthouse ★ [2]
425 Sixth Ave.

Lorsque l'on débouche sur Sixth Avenue (Avenue of the Americas), on perçoit nettement l'orientation différente de la trame des rues dans l'ancien Greenwich Village. Devant nous se dresse la masse «Victorian Gothic» du Jefferson Market Courthouse. En 1967, cet ancien édifice multifonctionnel (palais de justice, caserne de pompiers, marché public), érigé en 1877, a été transformé en une succursale de la bibliothèque publique de New York, se classant ainsi parmi les premiers projets de mise en valeur d'édifices victoriens aux États-Unis.

Traversez Sixth Avenue pour emprunter Christopher Street, qui s'inscrit de biais au sud du Jefferson Market Courthouse. Vous pénétrez alors dans West Village, qui s'étire de Sixth Avenue au fleuve Hudson, entre 14th Street et Houston Street.

Christopher Street ★ [3]
entre Sixth Ave. et les quais au bord du fleuve Hudson

Christopher Street est étroitement associée à la révolution gay des années 1960, qui a permis l'épanouissement d'un certain mode de vie homosexuel dans les grandes villes nord-américaines. Ce «lieu de pèlerinage» pour les gays du

Greenwich Village et West Village

À voir, à faire ★

1. DX English Terrace Row
2. DX Jefferson Market Courthouse
3. CX Christopher Street
4. CX Christopher Park
5. BY Grove Court
6. DY Washington Square Park
7. DZ New York University (NYU)
8. DY The Row
9. DY Washington Mews

Cafés et restos ●

10. DY Babbo
11. BZ Blue Ribbon Bakery
12. BZ Do Hwa
13. EX Gotham Bar & Grill
14. CX Jack's Stir Brew Coffee
15. CY John's of Bleecker Street
16. CY Kesté Pizza & Vino
17. CZ Lupa
18. CZ Minetta Tavern
19. DY North Square
20. CZ Sweet Revenge
21. CX The Spotted Pig

Bars et boîtes de nuit ☽

22. BX White Horse Tavern

Salles de spectacle ◆

23. CY Blue Note
24. CZ Le Poisson Rouge
25. CX Village Vanguard

Lèche-vitrine ■

26. BZ Jacques Torres Chocolate
27. AX Scoop
28. EZ Shakespeare & Co.

Hébergement ▲

29. DX Larchmont Hotel
30. DY Washington Square Hotel

1. Les statues *Gay Liberation* dans le Christopher Park.
© Philippe Renault/hemis.fr

2. Le Washington Square Park et son emblématique Memorial Arch.
© Dreamstime.com/Mircea Nicolescu

monde entier a cependant perdu son côté contestataire pour devenir, au fil des ans, une simple petite rue bordée de bars et de restaurants s'adressant principalement à la «clientèle du samedi soir». Coïncidence amusante, la première rue que l'on croise sur la gauche a été baptisée «Gay Street» il y a plus d'un siècle.

Christopher Park [4]
angle Christopher St. et Seventh Ave.

Le Christopher Park, ce petit triangle de verdure au milieu d'un large carrefour, abrite de discrètes statues blanches de couples homosexuels (*Gay Liberation*), conçues par George Segal en 1992. Ce monument commémoratif des émeutes de 1969 est salué chaque année par les participants de la désormais célèbre **LGBT Pride March** (voir p. 202).

Tournez à gauche dans Bedford Street.

Grove Court ★ [5]
au sud-ouest de Bedford St.

À New York, où le bruit incessant de la circulation peut rendre fou, une impasse privée, calme et verdoyante comme Grove Court, représente un luxe extraordinaire. Ses résidents privilégiés habitent un groupe de maisons à façade de briques et de bois érigées entre 1820 et 1850.

Revenez vers Bedford Street. Tournez à gauche dans Barrow Street, puis à droite dans Bleecker Street, où se trouvent plusieurs restaurants. Enfin, tournez à gauche dans Cornelia Street puis à droite dans West Fourth Street, qui permet d'atteindre le beau Washington Square Park.

Le côté morbide de Manhattan

Le **Washington Square Park** (voir ci-dessous) était anciennement un cimetière, et l'on estime à 15 000 le nombre de dépouilles enterrées sous son herbe verdoyante. Ce même parc a également accueilli une potence au cours de la guerre de l'Indépendance américaine, et criminels et fauteurs de troubles ont été pendus aux arbres qui se dressent encore sur les lieux, témoins silencieux de ce triste passé. Avis aux amateurs d'histoires de fantômes, il se trouve qu'on rapporte encore aujourd'hui de nombreuses apparitions troublantes dans le secteur...

Washington Square Park ★★
[6]
à l'extrémité sud de Fifth Ave.

Aménagé en 1824, le Washington Square Park est un point de repère important dans ce secteur de la ville. Symbole d'une certaine bourgeoisie éclairée, ce square a pu être vu dans de nombreux films dont *Pieds nus dans le parc* (version française de *Barefoot in the Park*, mettant en vedette Robert Redford). Le Memorial Arch, situé dans l'axe de Fifth Avenue, est le principal monument du parc. Cet arc de triomphe a été élevé en 1889 pour commémorer le centenaire de l'investiture de George Washington. Le Washington Square Park est très fréquenté par les gens du quartier, et on y trouve plusieurs tables équipées de jeu d'échecs, où l'on peut voir les joueurs s'affronter devant un public de curieux.

La présence du campus de la **New York University (NYU)** [7], à l'est et au sud du Washington Square Park, donne à cette portion de Greenwich Village un petit air de Quartier latin.

Traversez le Washington Square Park pour rejoindre Washington Square North.

Greenwich Village et West Village

The Row ★ [8]
1-25 Washington Square N.

La belle rangée de maisons surnommée The Row, qui borde le parc au nord, a été élevée entre 1829 et 1833. Ses façades de briques rouges et ses portails ioniques ont attiré au fil des siècles plusieurs personnalités new-yorkaises. Ainsi, ces maisons furent habitées par des célébrités telles que l'écrivain John Dos Passos et le peintre Edward Hopper. L'auteur Henry James, dont la grand-mère habitait l'une des maisons donnant sur le parc, écrira plus tard *Washington Square*, un merveilleux roman ayant pour thème la douceur de vivre à Greenwich Village.

Remontez Fifth Avenue en direction du point de départ.

Washington Mews ★ [9]
à l'est de Fifth Ave., entre Washington Square N. et W. Eighth St.

Derrière les maisons patriciennes qui donnent sur le parc, on retrouve des ruelles de service semblables à celles que l'on peut voir à Londres. Les Washington Mews sont bordées d'anciennes étables transformées en de luxueux logements fort prisés des New-Yorkais.

Cafés et restos

(voir carte p. 63)

Jack's Stir Brew Coffee $ [14]
138 W. 10th St., entre Greenwich Ave. et Waverly Place, 212-929-0821, www.jacksstirbrew.com

Voir la description p. 31.

Blue Ribbon Bakery $-$$ [11]
35 Downing St., angle Bedford St., 212-337-0404, www.blueribbonrestaurants.com

Tenue par la même équipe que le **Blue Ribbon** (voir p. 56), la Blue Ribbon Bakery est une boulangerie très animée à toute heure du jour. Très bonne adresse pour prendre un en-cas, un café ou un jus de fruits avant de poursuivre sa route.

John's of Bleecker Street $-$$ [15]
278 Bleecker St., angle Jones St., 212-243-1680, www.johnsbrickovenpizza.com

La queue devant la porte de la pizzeria John's de la rue Bleecker atteste la popularité de ce modeste restaurant où l'on mange des pizzas à croûte mince cuites dans un four de briques.

Sweet Revenge $-$$ [20]
62 Carmine St., entre Bedford St. et Seventh Ave., 212-242-2240, www.sweetrevengenyc.com

Un bar à vins dont la spécialité culinaire est le *cupcake*? Quand le mariage est aussi réussi, pourquoi pas!

⊕ Kesté Pizza & Vino $$-$$$ [16]
271 Bleecker St., entre Cornelia St. et Jones St., 212-243-1500, www.kestepizzeria.com

Après avoir mangé chez Kesté, vous ne pourrez vous empêcher de rêver à leurs délicieuses pizzas napolitaines. La croûte légère et aérienne, les ingrédients frais et le service des plus sympathiques en font une adresse de choix.

Les délicieuses pizzas napolitaines de Kesté Pizza & Vino. © Annie Gilbert

Do Hwa *$$$* [12]
55 Carmine St., angle Bedford St.,
212-414-1224, www.dohwanyc.com

Do Hwa est un resto-grill coréen à la déco stylée et contemporaine. N'hésitez pas à accompagner votre repas d'une bouteille de *soju*, l'eau-de-vie nationale des Coréens.

Lupa *$$$* [17]
170 Thompson St., entre Houston St.
et Bleecker St., 212-982-5089,
www.luparestaurant.com

Le Lupa est une petite trattoria animée qui fera le bonheur des connaisseurs de cuisine italienne. Le rapport qualité/prix est exceptionnel, tout comme la sélection de vins.

North Square *$$$* [19]
Washington Square Hotel, 103 Waverly Place,
angle MacDougal St., 212-254-1200,
www.northsquareny.com

Le restaurant du **Washington Square Hotel** (voir p. 184) pratique des prix plus que raisonnables au vu des plats éclectiques que propose sa carte. Peu connue, cette table offre l'un des bons rapports qualité/prix de New York: profitez-en!

The Spotted Pig *$$$-$$$$* [21]
314 W. 11th St., angle Greenwich St.,
212-620-0393, www.thespottedpig.com

Ce «gastro-pub» hors du commun sert un incontournable hamburger au roquefort avec les meilleures frites (*shoestring fries*) de New York.

Babbo *$$$-$$$$* [10]
110 Waverly Place, angle MacDougal St.,
212-777-0303, www.babbonyc.com

Une cuisine italienne authentique mais originale, une des meilleures cartes de vins italiens aux États-Unis... Arrivez de préférence l'esto-

1. La Minetta Tavern, antre des carnivores branchés de Manhattan. © Sylvia Paret
2. La White Horse Tavern, où bières et poésie font bon ménage. © Malcolm Brown/NYC & Co

mac vide, car le restaurant du chef Mario Batali ne fait pas dans le minimalisme.

Minetta Tavern $$$-$$$$
[18]
113 MacDougal St., entre Bleecker St. et W. Third St., 212-475-3850, www.minettatavernny.com

L'antre des carnivores branchés de Manhattan, la Minetta Tavern propose une cuisine américaine créative qui ne déçoit jamais.

Gotham Bar & Grill $$$$
[13]
12 E. 12th St., entre Fifth Ave. et University Place, 212-620-4020, www.gothambarandgrill.com

Le Gotham Bar & Grill est l'une des meilleures tables de New York. Le chef Alfred Portale a su y marier avec brio les plats des grands restaurants du Midtown et l'ambiance décontractée de Greenwich Village. Le menu à prix fixe du midi permet de goûter à l'œuvre du Gotham, sans grincer des dents à l'arrivée de l'addition.

Bars et boîtes de nuit (voir carte p. 63)

White Horse Tavern [22]
567 Hudson St., angle 11th St., 212-989-3956

C'est à la White Horse Tavern que le poète gallois Dylan Thomas se serait soûlé à mort... Aujourd'hui, sa terrasse transporte la clientèle dans les rouages de la poésie entre deux bières.

Salles de spectacle et activités culturelles

(voir carte p. 63)

Blue Note [23]

131 W. Third St., entre MacDougal St. et Sixth Ave., 212-475-8592, www.bluenote.net

Le Blue Note est considéré comme la plus célèbre boîte de jazz aux États-Unis.

Village Vanguard [25]

178 Seventh Ave. S., angle Perry St., 212-255-4037, www.villagevanguard.com

Depuis les années 1960, le Village Vanguard présente les meilleurs musiciens de l'heure.

Le Poisson Rouge [24]

158 Bleecker St., entre Thompson St. et Sullivan St., 212-505-3474, www.lepoissonrouge.com

Rock, jazz, hip-hop... éclectique!

Lèche-vitrine

(voir carte p. 63)

Alimentation

Jacques Torres Chocolate [26]

350 Hudson St., angle King St., 212-414-2462, www.jacquestorres.com

Chez le chocolatier Jacques Torres, on déguste le chocolat chaud et onctueux en hiver, en barres du Costa Rica ou du Pérou, en ballotin aux multiples parfums ou en pépites fourrées dans de délicieux *cookies* ou *brownies*.

Librairies

Shakespeare & Co. [28]

716 Broadway, angle Washington Place, 212-529-1330, www.shakeandco.com

Shakespeare & Co. garnit ses étagères d'un excellent choix de livres sur la littérature, la peinture et la poésie.

Vêtements et accessoires

Scoop [27]

430 W. 14th St., angle Washington St., 212-691-1905, www.scoopnyc.com

S'adressant aussi bien aux femmes et aux hommes qu'aux enfants, Scoop fait une sélection pointue parmi les collections de vêtements de designers branchés.

Greenwich Village et West Village

6 ↘

Chelsea et le Meatpacking District

À voir, à faire

(voir carte p. 77)

Le secteur qui s'étend de West 14th Street au sud jusqu'à West 29th Street au nord (compris entre Fifth Avenue à l'est et le fleuve Hudson à l'ouest) est constitué d'un mélange hétéroclite de maisons en rangée, de commerces, d'entrepôts et de manufactures. Bien que le nom de Chelsea lui ait été accolé dès le milieu du XVIIIe siècle, il est toujours à la recherche de son identité propre.

Après avoir été un moment le quartier des théâtres et des opéras, Chelsea a accueilli l'industrie naissante du cinéma américain, la partageant avec le Queens, avant qu'elle ne prenne le chemin de la Californie. Depuis l'ère glorieuse du disco dans les années 1970, on trouve dans Chelsea de vastes *nightclubs* qui se succèdent au rythme des modes. Avec ses nombreuses galeries (voir p. 73), Chelsea est également devenu au fil du temps le creuset de l'art moderne à Manhattan.

Le point de départ du circuit de Chelsea et du Meatpacking District est à l'angle de 18th Street et de Sixth Avenue (Avenue of the Americas).

Siegel-Cooper Department Store ★ [1]

620 Sixth Ave., angle W. 18th St.

La belle façade en terre cuite vitrifiée de l'ancien Siegel-Cooper Department Store accroche le regard au passage. L'édifice, érigé à l'origine pour abriter un grand magasin, rappelle l'époque où Sixth

Quelques bâtiments anciens du quartier de Chelsea. © Dreamstime.com/Roberto Maggioni

Avenue était surnommée *Fashion Row* (l'allée de la mode) en raison des nombreux magasins qui la bordaient entre West 14th Street et West 23rd Street.

Church of the Holy Communion [2]

W. 20th St., angle Sixth Ave.

Les anciens paroissiens de la Church of the Holy Communion doivent s'être retournés dans leur tombe lorsque cette église épiscopalienne érigée en 1846 est devenue l'une des discothèques les plus en vogue de New York au début des années 1980. Elle loge maintenant le **Limelight Marketplace** (*www.limelightmarketplace.com*), qui compte plusieurs boutiques de vêtements et d'alimentation.

Hugh O'Neil Department Store ★ [3]

655 Sixth Ave.

La plus intéressante façade en fonte de New York serait-elle à l'extérieur de SoHo? En tout cas, l'ancien Hugh O'Neil Department Store rivalise avantageusement avec ses cousins de SoHo. Le décor extérieur du défunt grand magasin (érigé en 1875) est mis en valeur par un bel éclairage en soirée.

Tournez à gauche dans West 27th Street.

Museum at FIT ★ [4]

entrée libre, mar-ven 12h à 20h, sam 10h à 17h, Seventh Ave., angle 27th St., 212-217-4558, www.fitnyc.edu

Les mordus de la mode feront un crochet par Seventh Avenue pour visiter le Museum at FIT (Fashion

Chelsea et le Meatpacking District

1. L'entrée invitante du Chelsea Market.
© Dreamstime/Dutchinny

2. Constructions récentes qui témoignent de l'étonnante métamorphose du Meatpacking District.
© iStockphoto/Jay Lazarin

3. Le High Line Park, « parc aérien » devenu l'un des attraits incontournables de la ville. © Catherine Gilbert

Institute of Technology), qui présente des expositions sur l'histoire de la mode et l'industrie du textile. On y découvre des stylistes méconnus; on se pâme devant les robes qui ont fait le succès des plus grands couturiers; on admire les dessins des petites mains et accessoiristes de la haute couture; enfin, on se penche sur les clichés des plus grands photographes de mode du XXe siècle.

Redescendez Seventh Avenue et tournez à droite dans West 23rd Street.

Chelsea Hotel ★ [5]
222 W. 23rd St., 212-243-3700,
www.hotelchelsea.com

Le Chelsea Hotel est davantage célèbre pour la liste de ses hôtes que pour son architecture, malgré tout fort intéressante car agrémentée de beaux balcons en fonte à motifs de tournesols. L'édifice de 12 étages, érigé en 1884, a notamment hébergé – pendant plusieurs années dans certains cas – les écrivains Arthur Miller, Tennessee Williams et Jack Kerouac. Les musiciens Bob Dylan, Leonard Cohen, Joni Mitchell et Sid Vicious ont également résidé au Chelsea Hotel. Passage obligé par le hall, sorte de galerie d'art: certains artistes (célèbres ou moins célèbres) qui ont logé au Chelsea ont fait don de leurs œuvres à l'hôtel, aujourd'hui exposées dans l'entrée et l'escalier central. Classé monument historique, le Chelsea fut mis en vente en 2010, et son avenir n'avait pas encore été décidé au moment de mettre sous presse.

Galeries d'art de Chelsea ★★ [6]

Les amateurs de galeries d'art poursuivront leur chemin le long de West 23rd Street, en direction du fleuve Hudson, pour une incursion dans le petit monde de l'art moderne new-yorkais. À l'ouest de 10th Avenue, entre West 19th Street et West 29th Street, se concentrent en effet quelques-uns des galeristes les plus réputés de Manhattan (voir p. 78).

Chelsea Market ★ [7]

75 Ninth Ave., entre W. 15th St. et W. 16th St., www.chelseamarket.com; voir aussi p. 78

Au sud du secteur des galeries d'art, vous pourrez vous arrêter au Chelsea Market pour vous acheter une bouchée. L'ancien entrepôt de l'entreprise Nabisco, qui lança dès 1912 les célèbres biscuits Oreo, a été rénové afin d'abriter un marché multifonctionnel: les New-Yorkais y font leurs courses (on y trouve quelques boulangeries, épiceries, charcuteries et poissonneries) ou y mangent sur le pouce le midi (chez Amy's Bread et Sarabeth's, deux boulangeries réputées). Si vous avez envie de faire un pique-nique dans le **Hudson River Park** (voir p. 52) ou le High Line Park (voir ci-dessous), vous trouverez ici tout le nécessaire pour préparer un gueuleton de qualité.

Meatpacking District

www.meatpacking-district.com

Plus au sud, entre Horatio Street et West 15th Street, s'étire le

Meatpacking District, ancien secteur d'abattoirs qui comprend aujourd'hui quelques-uns des restaurants et boutiques les plus chics de New York. Ce quartier semi-industriel, quasi à l'abandon, a connu une étonnante métamorphose et attire aujourd'hui de grands couturiers et une clientèle huppée.

High Line Park ★★★ [8]

www.thehighline.org

C'est dans le Meatpacking District, à l'angle de Tenth Avenue et de Gansevoort Street, qu'on retrouve l'extrémité sud du premier «parc aérien» new-yorkais: le High Line Park. Cette ancienne voie double élevée de transport ferroviaire, nichée à près de 10 m du sol, a été reconvertie en une oasis de verdure de 2,3 km et est vite devenue l'un des attraits incontournables

Chelsea et le Meatpacking District

de New York. Son premier tronçon, qui s'étend de Gansevoort Street à West 20th Street, a été inauguré à l'été 2009. Un deuxième tronçon a été ouvert au public au printemps 2011 pour prolonger le parc jusqu'à West 30th Street.

Parcourir le High Line Park est une expérience unique qui permet de profiter de vues inédites sur le fleuve Hudson d'un côté, et sur les rues du Meatpacking District, de Chelsea et de la portion sud-ouest de Midtown de l'autre. Le parc est superbement aménagé grâce aux plantes et fleurs sauvages, au mobilier urbain en bois installé sur les anciens rails et aux œuvres d'art public (installations sonores, sculptures et autres) qui parsèment son parcours. Différents événements culturels y sont présentés au cours de l'année, et certains restaurants des environs y tiennent des kiosques en été.

Cafés et restos

(voir carte p. 77)

Café Gitane $$ [9]
The Jane, 113 Jane St., entre le West Side Hwy. et Washington St., 212-255-4113

Le restaurant de l'hôtel **The Jane** (voir p. 184) sert tous les repas de la journée dans une belle salle à manger lumineuse à mi-chemin entre le bistro français et le bouiboui marocain... D'ailleurs, la cuisine s'inspire des mêmes influences pour concocter ses bons petits plats.

Markt $$-$$$ [12]
676 Sixth Ave., angle 21st St., 212-727-3314, www.marktrestaurant.com

Le Markt est l'un des rares restaurants belges de la ville. Bruyant et animé, il plaira à ceux qui désirent se délecter de moules, de frites et de bière.

Colicchio and Sons $$$-$$$$ [10]
85 10th Ave., angle 15th St., 212-400-6699, www.colicchioandsons.com

Le chef Tom Colicchio concocte ici un menu de nouvelle cuisine américaine qui ne manquera pas de faire craquer les gastronomes. L'addition est salée en soirée, mais le repas du midi à trois services permet de découvrir les créations d'un grand chef sans se ruiner.

Cookshop $$$-$$$$ [11]
156 10th Avenue, angle 20th St., 212-924-4440, www.cookshopny.com

Dans une vaste salle à manger aux grandes fenêtres, le Cookshop propose une cuisine du marché aussi inventive que généreuse et réconfortante.

Recette $$$-$$$$ [13]
328 W. 12th St., angle Greenwich Ave., 212-414-3000, www.recettenyc.com

Bon endroit pour un dîner en tête à tête, Recette propose une délicieuse et subtile nouvelle cuisine américaine aux influences françaises qui favorise les produits frais du marché.

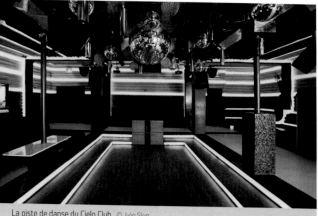

La piste de danse du Cielo Club. © Julia Skya

Bars et boîtes de nuit *(voir carte p. 77)*

Ara [14]
24 Ninth Ave., angle W. 13th St.,
212-242-8642, www.arawinebar.com
Plutôt décontracté pour le Meat-packing District, le bars à vins Ara offre une longue sélection de crus au verre.

Chelsea Brewing Company [15]
Chelsea Piers, Pier 59, angle W. 18th St. et West Side Hwy., 212-336-6440,
www.chelseabrewingco.com

Les New-Yorkais se ruent vers la terrasse estivale de cette micro-brasserie qui s'étire au bord du fleu-ve Hudson.

Cielo [16]
18 Little West 12th St., entre Washington St. et Ninth Ave., 212-645-5700, www.cieloclub.com

Au Cielo, vous pourrez danser sur des rythmes hip-hop ou house mixés par les DJ les plus courus du circuit.

The Half King Bar & Restaurant [17]
505 W. 23rd St., angle 10th Ave.,
212-462-4300, www.thehalfking.com

Un chaleureux bar de quartier, un brin tendance mais sans prétention.

Salles de spectacle et activités culturelles
(voir carte p. 77)

Joyce Theater [20]
175 Eighth Ave., angle 19th St., 212-691-9740,
www.joyce.org

Le Joyce Theater est l'une des scè-nes de danse les plus intimes de Manhattan.

Chelsea et le Meatpacking District

À voir, à faire ★

1.	EZ	Siegel-Cooper Department Store
2.	EY	Church of the Holy Communion / Limelight Marketplace
3.	EY	Hugh O'Neil Department Store
4.	EX	Museum at FIT
5.	DX	Chelsea Hotel
6.	BX	Galeries d'art de Chelsea
7.	BY	Chelsea Market
8.	BX	High Line Park

Cafés et restos ●

9.	AZ	Café Gitane
10.	AY	Colicchio and Sons
11.	BX	Cookshop
12.	EY	Markt
13.	CZ	Recette

Bars et boîtes de nuit ♪

14.	BZ	Ara
15.	AX	Chelsea Brewing Company
16.	BZ	Cielo
17.	BX	The Half King Bar & Restaurant

Salles de spectacle ♦

18.	DX	Gotham Comedy Club
19.	BY	Highline Ballroom
20.	CY	Joyce Theater
21.	DX	The Hammerstein

Lèche-vitrine ■

22.	AX	Cheim & Read
23.	BY	Chelsea Market
24.	CX	Comme des Garçons
25.	BX	David Zwirner
26.	BX	Gagosian Gallery
27.	BX	Gladstone Gallery
28.	DX	Hell's Kitchen Flea Market
29.	AX	Matthew Marks Gallery
30.	BX	The Pace Gallery
31.	AX	Zach Feuer Gallery

Hébergement ▲

32.	CX	Colonial House Inn
33.	BY	Hotel Gansevoort
34.	EY	Inn on 23rd
35.	AZ	The Jane

Gotham Comedy Club [18]
208 W. 23rd St., entre Seventh Ave.
et Eighth Ave., 212-367-9000,
www.gothamcomedyclub.com

Une petite institution à Manhattan,
le Gotham Comedy Club attire les
plus grands humoristes du circuit.

The Hammerstein [21]
311 W. 34th St., entre Eighth Ave. et Ninth
Ave.,212-279-7740, www.mcstudios.com

Rock et pop.

Highline Ballroom [19]
431 W. 16th St., entre Ninth Ave. et 10th Ave.,
212-414-5994, www.highlineballroom.com

Rock, hip-hop, *dance* et pop.

Lèche-vitrine

(voir carte p. 77)

Alimentation

Chelsea Market [23]
75 Ninth Ave., entre W. 15th St. et W. 16th St.,
www.chelseamarket.com

Le **Chelsea Market** (voir aussi
p. 73) est un excellent endroit où
s'acheter le nécessaire pour faire un
pique-nique dans le Hudson River
Park ou le High Line Park, situés à
quelques minutes à pied.

Galeries d'art

Chelsea est l'endroit tout indiqué
pour découvrir ce qui se passe sur la
scène artistique new-yorkaise. Les
galeries sont pour la plupart situées
entre 10th Avenue et 11th Avenue
à l'est et à l'ouest, et entre 19th
Street et 29th Street au sud et au
nord. En voici quelques-unes:

Cheim & Read [22]
547 W. 25th St., entre 10th Ave. et 11th Ave.,
212-242-7727, www.cheimread.com

David Zwirner [25]
519, 525 et 533 W. 19th St., entre 10th Ave.
et 11th Ave., 212-727-2070,
www.davidzwirner.com

Gagosian Gallery [26]
522 W. 21st St., entre 10th Ave. et 11th Ave.,
212-741-1717, www.gagosian.com

Gladstone Gallery [27]
530 W. 21st St., entre 10th Ave. et 11th Ave.;
515 W. 24th St., entre 10th Ave. et 11th Ave.;
212-206-9300, www.gladstonegallery.com

Matthew Marks Gallery [29]
523 W. 24th St., entre 10th Ave. et 11th Ave.,
212-243-0200, www.matthewmarks.com

The Pace Gallery [30]
534 W. 25th St., entre 10th Ave. et 11th Ave.,
212-929-7000, www.thepacegallery.com

Zach Feuer Gallery [31]
548 W. 22nd St., entre 10th Ave. et 11th Ave.,
212-989-7700, www.zachfeuer.com

Marchés aux puces

Hell's Kitchen Flea Market [28]
W. 39th St., entre Ninth Ave. et 10th Ave., 212-243-5343, www.hellskitchenfleamarket.com

Le Hell's Kitchen Flea Market, où se regroupent antiquaires et brocanteurs tous les week-ends. © Hell's Kitchen Flea Market

Au nord du quartier de Chelsea, le Hell's Kitchen Flea Market regroupe chaque fin de semaine quelque 170 antiquaires et brocanteurs de New York. La même entreprise gère également **The Antiques Garage** *(112 W. 25th St., entre Sixth Ave. et Seventh Ave.)*, où l'on retrouve une centaine de marchands. Les deux sont ouverts les samedis et dimanches de 9h à 17h.

Vêtements et accessoires

Comme des Garçons [24]
520 W. 22nd St., entre 10th Ave. et 11th Ave., 212-604-9200

La sympathique boutique Comme des Garçons, somme toute assez petite malgré sa renommée, contribue à une nouvelle vague innovatrice en créant des vêtements haut de gamme aux tissus amples et modernes.

Chelsea et le Meatpacking District

7 ↘

East Village

À voir, à faire

(voir carte p. 85)

Le quartier d'East Village est depuis quelques années très tendance. Historiquement un creuset de la contre-culture à New York, le quartier résiste tout de même à l'embourgeoisement. Un vent *vintage* souffle sur Alphabet City, du nom des fameuses avenues A, B, C et D, emblématiques du quartier au même titre que les tortueuses *streets* de Greenwich.

Vers le milieu des années 1960, East Village était le repaire new-yorkais des hippies et du Flower Power. Autre temps, autres coiffures, ce sont les punks qui l'envahissent à partir de la fin des années 1970, avant de laisser progressivement place à la population hétérogène que l'on connaît aujourd'hui, composée notamment d'artistes, d'étu-diants, de familles «bobos» (bourgeois bohèmes) et d'immigrants de fraîche date (Albanais, Portoricains, Russes, Serbes...). Agréable à parcourir même s'il ne comporte pas de grands attraits emblématiques, East Village regroupe plusieurs restaurants et bars branchés.

Le circuit d'East Village débute à l'angle d'East Fourth Street et du Bowery.

Merchant's House Museum ★
[1]
10$; jeu-lun 12h à 17h; 29 E. Fourth St., entre Lafayette St. et Bowery, 212-777-1089, www.merchantshouse.com

Aménagé dans une ancienne demeure patricienne, le Merchant's House Museum donne un aperçu du mode de vie des New-Yorkais au XIXᵉ siècle. La maison de style Federal, entièrement meublée, a été érigée en 1832 pour le marchand Joseph Brewster. Cependant, c'est

La façade revêtue de grès brun rosé du Cooper Union Building. © iStockphoto.com/Jay Lazarin

la famille Tredwell, qui l'a habitée de 1835 à 1933, qui y a véritablement laissé sa marque et ses souvenirs.

Tournez à droite dans Lafayette Street.

Colonnade Row ★ [2]
428-434 Lafayette St.

Dans Lafayette Street, vous pourrez apercevoir des fragments de la prestigieuse Colonnade Row, à l'origine baptisée «La Grange Terrace», du nom du château français ayant appartenu au marquis de La Fayette. Les quatre résidences qui subsistent de cette rangée de neuf maisons érigées en 1833 sont précédées d'une belle colonnade corinthienne en marbre, faisant de cet ensemble le plus sophistiqué de son époque aux États-Unis. C'est ici que vivait le «Commodore» Cornelius Vanderbilt,

à l'origine de la plus colossale fortune américaine du XIXe siècle.

Astor Place [3]

Autrefois au cœur de la vie culturelle new-yorkaise, de nos jours Astor Place est un espace informe dont le principal attrait est une réplique de l'un des premiers édicules en fonte du métro de New York, situé en face de la place à l'angle de Lafayette Street et d'Eighth Street.

Tournez à droite dans Astor Place, qui devient par la suite St. Marks Place (dans le prolongement de West Eighth Street).

Cooper Union Building ★ [4]
Cooper Square, intersection d'Astor Place et de St. Marks Place

Le sombre Cooper Union Building, entièrement revêtu de grès brun rosé, a été érigé en 1859. Il pos-

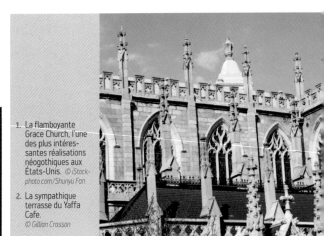

1. La flamboyante Grace Church, l'une des plus intéressantes réalisations néogothiques aux États-Unis. © iStockphoto.com/Shunyu Fan

2. La sympathique terrasse du Yaffa Cafe.
© Gillian Crosson

East Village

sède une structure intérieure partiellement constituée de poutres d'acier, perçue comme une réelle innovation à l'époque. Le magnat américain de l'acier Peter Cooper l'a fait construire pour y loger un collège technique destiné aux classes laborieuses. Abraham Lincoln a prononcé dans ce lieu d'éveil social son célèbre discours sur les droits des Noirs (1860).

St. Marks Place ★ [5]
entre Lafayette St. et Avenue A

St. Marks Place est l'artère emblématique d'East Village. Entre sexshops, disquaires et friperies, on s'imprègne de l'ambiance éclectique du quartier. À l'extrémité est, gargotes bon marché et cafés branchés sont regroupés sur l'Avenue A, qui longe le sympathique **Tomp-kins Square Park** [6] *(Seventh St. à 10th St., entre les avenues A et B).*

Empruntez Second Avenue vers le nord.

St. Marks Church in-the-Bowery ★ [7]
angle Second Ave. et E. 10th St.

Dans ce cadre hautement urbain, on tombe tout à coup sur une charmante petite église villageoise perdue dans la verdure. La St. Marks Church in-the-Bowery fut érigée dès 1799 sur l'emplacement de la chapelle privée de la famille du dernier gouverneur hollandais de La Nouvelle-Amsterdam, Peter Stuyvesant, dont la tombe se trouve toujours dans le minuscule cimetière attenant.

Tournez à gauche dans East 10th Street.

Renwick Triangle ★ [8]
angle Stuyvesant St. et E. 10th St.

À l'ouest de l'église, on peut voir l'un des plus beaux ensembles de *brownstones* de New York. Ces maisons en rangée, hautes et étroites, forment une avancée baptisée Renwick Triangle, du nom de l'architecte James Renwick, qui les aurait dessinées en 1861.

Tournez à droite dans Broadway.

Grace Church ★★ [9]
802 Broadway, angle E. 10th St.,
212-254-2000, www.gracechurchnyc.org

La flamboyante Grace Church est l'une des plus intéressantes réalisations du style néogothique aux États-Unis. Construite en 1843, sa beauté et son originalité en ont fait un lieu historique national. L'intérieur polychrome est illuminé d'immenses vitraux. De nombreux concerts d'orgue, spectacles de chorales et autres soirées musicales y ont lieu.

Cafés et restos

(voir carte p. 85)

Yaffa Cafe $ [23]
97 St. Marks Place, entre First Ave. et Avenue A, 212-677-9001

Les étudiants et les intellos se donnent rendez-vous au Yaffa Cafe. Entre deux bouchées de salade grecque, de sandwich au *baba ganouj*, de poulet berbère ou de curry de légumes, la jeune clientèle

poursuit ses discussions animées. Vins au verre à prix raisonnables.

Angelica Kitchen $-$$ [10]
300 E. 12th St., entre First Ave.
et Second Ave., 212-228-2909,
www.angelicakitchen.com

Angelica Kitchen, un chouette restaurant qui fait le bonheur des écolos et des végétariens purs et durs, s'approvisionne auprès de petits producteurs : 95% des produits utilisés ici sont biologiques.

Cafe Orlin $-$$ [11]
41 St. Marks Place, entre First Ave. et Second Ave., 212-777-1447

Probablement le meilleur endroit où prendre son petit déjeuner dans East Village. Œufs bénédictine, omelettes, *pancakes*, tout est simplement délicieux. Une terrasse permet de zieuter les passants tout en se remplissant la panse.

East Village

À voir, à faire ★

1. BY Merchant's House Museum
2. BX Colonnade Row
3. BX Astor Place
4. CX Cooper Union Building
5. CY St. Marks Place
6. EY Tompkins Square Park
7. CX St. Marks Church in-the-Bowery
8. CX Renwick Triangle
9. BX Grace Church

Cafés et restos ●

10. DX Angelica Kitchen
11. CY Cafe Orlin
12. BZ DBGB Kitchen & Bar
13. BZ Double Crown
14. DX Ko
15. EY Mercadito
16. DX Momofuku Milk Bar
17. DX Momofuku Ssäm Bar
18. DX Noodle Bar
19. DY Porchetta
20. CZ Prune
21. DX Terroir
22. DY The Bourgeois Pig
23. DY Yaffa Cafe

Bars et boîtes de nuit ♪

24. CX Angel's Share
25. CX Bar Veloce
26. CY Burp Castle
27. CZ d.b.a.
28. CZ Element
29. CX McSorley's Old Ale House
30. DY Please Don't Tell
31. CX Sake Bar Decibel

Lèche-vitrine ■

32. CX Kiehl's
33. BY Other Music
34. CX St. Mark's Comics
35. DY Turntable Lab

Hébergement ▲

36. CX St. Marks Hotel

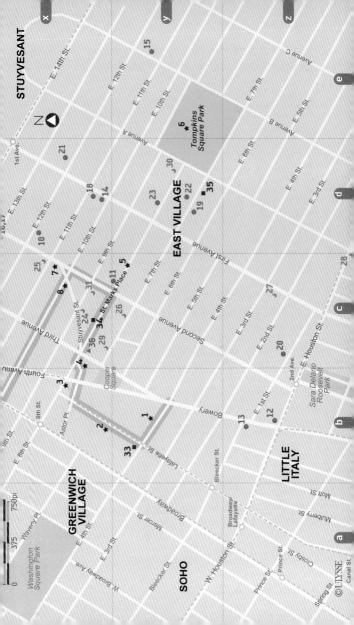

Porchetta $$ [19]

110 E. Seventh St., entre First Ave. et Avenue A, 212-777-2151, www.porchettanyc.com

Avis aux amateurs de porc et autres carnivores endurcis : vous dégusterez ici de l'excellent porc lentement rôti, tendre et juteux à souhait, en plat ou en sandwich.

Mercadito $$-$$$ [15]

179 Avenue B, entre 11th St. et 12th St., 212-529-6490, www.mercaditorestaurants.com

Ce « petit marché » propose une cuisine mexicaine renouvelée, légère et parfois surprenante. Essayez le *guacamole* rehaussé d'une pointe de mangue : il fait l'unanimité.

Terroir $$-$$$ [21]

413 E. 12th St., entre First Ave. et Avenue A, www.wineisterroir.com

Voir la description p. 56.

The Bourgeois Pig $$-$$$ [22]

111 E. Seventh St., entre First Ave. et Avenue A, 212-475-2246, www.bourgeoispignyc.com

Dans ce bar à vins qui se spécialise dans les vins français, on savoure de délicieuses fondues et de petites bouchées dans un décor un peu baroque. Toutes les bouteilles de vin sont vendues à moitié prix les lundis et mardis, et les cocktails sont réputés.

DBGB Kitchen & Bar $$$ [12]

299 Bowery, entre Houston St. et First St., 212-933-5300, www.danielnyc.com

Le gastropub DBGB est l'endroit où aller si vous voulez déguster la cuisine du chef Daniel Boulud sans trop dégarnir votre portefeuille. Dans un décor moderne et minimaliste, on y mange un des meilleurs hamburgers en ville, ainsi qu'une variété de plats qui plairont surtout aux carnivores.

1. La façade du Momofuku Ssäm Bar.
© Momofuku/Noah Kalina

2. Le «gastropub» DBGB Kitchen & Bar.
© B. Milne

🏷 **Prune $$$** [20]
54 E. First St., entre First Ave. et Second Ave., 212-677-6221, www.prunerestaurant.com

Prune est un restaurant grand comme un mouchoir de poche qui profite d'une formidable renommée. Aux fourneaux, la chef-propriétaire Gabrielle Hamilton mitonne de savoureux plats de nouvelle cuisine américaine.

Double Crown $$$-$$$$ [13]
316 Bowery, entre First St. et Bleecker St., 212-254-0350, www.doublecrown-nyc.com

Influencé à la fois par la cuisine anglaise classique et celle de ses ex-colonies du Sud-Est asiatique, le menu éclectique du Double Crown en surprendra plus d'un.

🏷 **Momofuku Ssäm Bar $$$-$$$$** [17]
207 Second Ave., angle 13th St., 212-500-0831, www.momofuku.com

Momofuku («pêche chanceuse» en japonais) est la chaîne de restaurants du chef de l'heure à New York, David Chang. Ses restaurants proposent une cuisine asiatique fusion qui étonne tant par son audace que par sa finesse. Ici, au Ssäm Bar, il sert une variété de petits plats inventifs qui empruntent aux traditions coréennes et japonaises tout en favorisant les produits frais de la région de New York.

Si vous n'arrivez pas à dénicher une place au Ssäm Bar, tentez votre chance dans l'un des autres établissements de David Chang: **Ko** [14] *($$$$; 163 First Ave., angle 10th St.)*; **Noodle Bar** [18] *($$$; 171 First Ave., entre 10th St. et 11th St.)*; **Má Pêche** *($$$-$$$$; 15 W. 56th St., entre Fifth Ave. et Sixth Ave.)*; et **Milk Bar** [16] *($-$$; 251*

E. 13th St., et 15 W. 56th St., à côté du Má Pêche).

Bars et boîtes de nuit (voir carte p. 85)

Angel's Share [24]
8 Stuyvesant St., entre Third Ave. et Ninth St., 212-777-5415

Lounge très couru (et très bien caché) d'East Village, Angel's Share offre un cadre intime à ses habitués.

Bar Veloce [25]
175 Second Ave., entre 11th St. et 12th St., 212-260-3200, www.barveloce.com

Rendez-vous des *fashionistas* et autres jet-setters new-yorkais, ce bar à vins italien d'East Village sert également quelques plats à la carte pour calmer les fringales des noctambules.

Burp Castle [26]
41 E. Seventh St., entre Second Ave. et Third Ave., 212-982-4576, www.burpcastlenyc.wordpress.com

Ici, des serveurs drapés de frocs de bure se faufilent dans une ambiance médiévale pour proposer un choix de plus de 500 bières, y compris une belle sélection de trappistes.

d.b.a. [27]
41 First Ave., entre Second St. et Third St., 212-475-5097, www.drinkgoodstuff.com

Ce bar sans prétention présente plus d'une centaine de bières et de scotchs et une cinquantaine de sortes de tequilas.

Element [28]
225 E. Houston St., angle Essex St., 212-254-2200, www.elementny.com

Ancienne banque reconvertie en *nightclub*, Element fait vibrer East Village sur des rythmes soul ou house.

McSorley's Old Ale House [29]
15 E. Seventh St., entre Second Ave. et Third Ave., 212-474-9148, www.mcsorleysnewyork.com

Établi en 1854, cet ancien *saloon* est aujourd'hui un lieu de rencontre populaire pour les touristes et les New-Yorkais qui viennent discuter autour d'une bière.

Please Don't Tell [30]
113 St. Marks Place, angle First Ave., 212-614-0386, www.pdtnyc.com

Appelez à l'avance pour réserver votre place dans cet ancien *speakeasy* caché des yeux de tous. Pour y accéder, entrez dans le restaurant de hot-dogs Crif Dogs, pénétrez dans la cabine téléphonique et appelez l'hôtesse qui vous ouvrira de l'intérieur.

Sake Bar Decibel [31]
240 E. Ninth St., entre Second Ave. et Third Ave., 212-979-2733, www.sakebardecibel.com

Le Decibel est un lieu tranquille et original pour découvrir les vertus du saké et déguster de petits hors-d'œuvre savoureux.

Le bar Please Don't Tell, bien caché des yeux de tous. © Nooh Kalina

Lèche-vitrine

(voir carte p. 85)

Disquaires

Other Music [33]
15 E. Fourth St., 212-477-8150,
www.othermusic.com

Spécialisé dans la musique indépendante, Other Music propose une vaste sélection de CD et de vinyles. Des concerts intimes sont parfois présentés dans la boutique.

Turntable Lab [35]
120 E. Seventh St., 212-677-0675,
www.turntablelab.com

New York est le berceau du hip-hop, et le Turntable Lab est l'un des meilleurs endroits où dénicher les dernières parutions et les classiques du genre.

Librairies

St. Mark's Comics [34]
11 St. Mark's Place, entre Third Ave. et Second Ave., 212-598-9439, www.stmarkscomics.com

St. Mark's Comics offre un choix impressionnant de bandes dessinées classiques ou contemporaines, neuves ou d'occasion.

Produits de beauté

Kiehl's [32]
109 Third Ave., entre 13th St. et 14th St.,
212-677-3171, www.kiehls.com

Kiehl's soigne le grain de peau des New-Yorkaises depuis 1851. Un emballage en toute simplicité pour que tout soit investi sur des produits d'excellente qualité.

East Village

8 ↘

Flatiron District

À voir, à faire

(voir carte p. 93)

Le circuit du Flatiron District englobe la paisible enclave de Gramercy, autour du parc du même nom, où ont habité plusieurs personnalités de New York. On y voit encore des maisons datant de 1840, retapées par des artistes, nombreux à s'être installés ici. De petites entreprises, qui n'ont pas les moyens de se payer les loyers du Midtown, ont emménagé dans les bureaux des avenues, favorisant ainsi l'éclosion de restaurants et de boutiques à la mode. Même si l'on y trouve peu de monuments célèbres, ce circuit constitue une promenade agréable au cœur de la ville.

Le circuit débute en face du Flatiron Building, situé au croisement de Broadway et de Fifth Avenue, à la hauteur de 23rd Street.

Flatiron Building ★★ [1]
175 Fifth Ave., entre 22nd St. et 23rd St.

L'ancien Fuller Building fut rebaptisé Flatiron Building en raison de sa forme triangulaire, qui n'est pas sans rappeler un fer à repasser (*flat iron*). Son profil théâtral est très apprécié des photographes. Construit en 1902, il s'agit du premier édifice en hauteur érigé à l'extérieur du quartier de Wall Street. On remarque ses bossages décoratifs inspirés de l'architecture des *palazzi* italiens, ainsi que la belle entrée en fonte dans l'angle de la façade.

Traversez East 23rd Street afin de longer le Madison Square Park jusqu'à Madison Avenue.

Madison Square Park ★ [2]
de Fifth Ave. à Madison Ave., entre 23rd St. et 26th St.

Planté de grands arbres, le Madison Square Park est traversé d'allées

1. La silhouette unique en son genre du Flatiron Building. © Shutterstock.com/Andrew Kazmierski

2. La Metropolitan Life Tower vue depuis le Madison Square Park. © Dave Newman

bordées de longs bancs continus, typiques de New York. La légende veut que les membres du Knicker-bocker Club, autrefois situé à proximité, y aient inventé le baseball vers 1845. À son extrémité sud se trouve le populaire **Shake Shack** (voir p. 96), qui sert l'un des meilleurs hamburgers en ville.

Metropolitan Life Tower [3]
1 Madison Ave., angle E. 24th St.

La Metropolitan Life Tower a servi de siège à la Metropolitan Life Insurance Company jusqu'à ce que l'entreprise déménage dans l'ancien Pan Am Building de Park Avenue (aujourd'hui le MetLife Building) en 2005. Cette tour de 50 étages a détenu le titre de l'édifice le plus élevé de la planète de 1909 à 1913. Le soir, toute la portion supérieure de l'immeuble est éclairée par des projecteurs puissants, donnant à ce gigantesque campanile une allure féerique.

Empruntez Madison Avenue vers le nord.

Appellate Division Courthouse of the New York State Supreme Court ★ [4]
E. 25th St., angle Madison Ave.

À l'angle d'East 25th Street se dresse l'élégant bâtiment de l'Appellate Division Courthouse of the New York State Supreme Court, une cour de justice qui entend les causes civiles et criminelles du comté de New York. L'édifice, construit en 1896, est décoré de plusieurs sculptures allégoriques, parmi lesquelles figurent *La Sagesse* et *La Force*, situées de part et d'autre de l'entrée.

Flatiron District

Flatiron District

À voir, à faire ★

1.	AW	Flatiron Building
2.	BV	Madison Square Park
3.	BW	Metropolitan Life Tower
4.	BV	Appellate Division Courthouse of the New York State Supreme Court
5.	BV	New York Life Insurance Company
6.	BX	Gramercy Park
7.	BX	National Arts Club
8.	AY	Union Square Park
9.	AX	Ladies Mile

Cafés et restos ●

10.	CV	2nd Avenue Deli
11.	AY	Blue Water Grill
12.	AX	Craft
13.	AV	Eataly
14.	AZ	Japonica
15.	CV	Penelope
16.	CV	Pongal
17.	BW	Shake Shack
18.	CW	Turkish Kitchen
19.	AX	Union Square Cafe

Bars et boîtes de nuit ☾

20.	CV	Dos Caminos
21.	CY	Paddy Reilly's Music Bar
22.	AY	The Coffee Shop

Salles de spectacle ◆

23.	BY	Irving Plaza

Lèche-vitrine ■

24.	AX	ABC Carpet & Home
25.	AX	Books of Wonder
26.	AV	Eataly
27.	AZ	Strand Book Store
28.	AY	Union Square Greenmarket
29.	AY	Whole Foods Market

Hébergement ▲

30.	CW	Carlton Arms Hotel
31.	BV	Gershwin Hotel
32.	BX	Gramercy Park Hotel
33.	CY	Hotel 17

Flatiron District

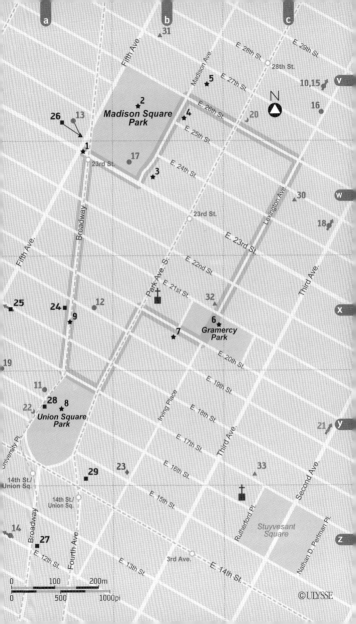

a

b

c

31

E. 28th St.

E. 29th Ave.

28th St.

Fifth Ave.

E. 27th St.

Madison Ave.

5

10,15

v

E. 26th St.

2

4

20

16

Madison Square
Park

26

13

E. 25th St.

1

17

23rd St.

3

E. 24th St.

23rd St.

Lexington Ave.

30

w

E. 23rd St.

18

Broadway

Fifth Ave.

E. 22nd St.

Park Ave. S.

E. 21st St.

32

Third Ave.

25

24

12

x

9

6

7

Gramercy
Park

19

E. 20th St.

11

E. 19th St.

28

8

Irving Place

E. 18th St.

22

Union Square
Park

E. 17th St.

21

y

University Pl.

E. 16th St.

33

23

Second Ave.

14th St./
Union Sq.

29

E. 15th St.

14th St./
Union Sq.

Ruterford Pl.

Nathan D. Perlman Pl.

14

Broadway

27

Stuyvesant
Square

z

E. 12th St.

Fourth Ave.

E. 13th St.

3rd Ave.

E. 14th St.

0   100   200m

0   500   1000pi

©ULYSSE

New York Life Insurance Company ★★ [5]
51 Madison Ave.

Le siège de la New York Life Insurance Company occupe un quadrilatère complet. Cette autre compagnie d'assurances importante s'est fait construire un gratte-ciel dont l'enveloppe néogothique recouvre un intérieur renouveau classique.

Tournez à droite dans East 26th Street et rendez-vous à Lexington Avenue. Tournez à droite et suivez Lexington vers le sud jusqu'au Gramercy Park.

Gramercy Park ★★ [6]
à l'extrémité sud de Lexington Ave., entre E. 20th St. et E. 21st St.

Au XVIIIe siècle, on trouvait là un marécage que les Hollandais avaient baptisé *Krom Moeraije* («petit marais tordu»). Les Britanniques déformèrent par la suite son nom en *Gramercy*. Le promoteur immobilier Samuel Ruggles se porta acquéreur des terrains en 1831, aménageant sur le marais asséché un joli parc, conçu à l'image des squares londoniens, afin d'attirer les résidents fortunés dans le secteur. L'opération fut un succès à la fois commercial et urbanistique. Le Gramercy Park a la particularité d'être demeuré, depuis son inauguration, un parc privé entouré d'une grille dont seuls les propriétaires des alentours possèdent la clef. Le quartier qui s'étend autour du parc est l'un des plus charmants de New York.

Tournez à gauche dans East 20th Street, aussi appelée «Gramercy Park South».

National Arts Club ★ [7]
ouvert au public uniquement lors d'expositions; 15 Gramercy Park S., 212-475-3424, www.nationalartsclub.com

Le National Arts Club, fondé en 1898, a pour but de faire connaître et apprécier les arts visuels américains. À l'intérieur, les visiteurs peuvent voir de belles verrières de John LaFarge et de Donald MacDonald, maître-verrier de Boston, ainsi que de longues galeries où sont exposées des toiles et des sculptures données au club par certains de ses membres.

1. L'imposant siège de la New York Life Insurance Company.
© iStockphoto.com/David Liu

2. L'Union Square Park, qui accueille un marché de fruits et légumes quatre fois par semaine.
© iStockphoto.com/zinchik

Poursuivez votre chemin dans East 20th Street, aussi appelée «Gramercy Park South», et tournez à gauche dans Park Avenue South. Marchez jusqu'à East 17th Street, où débute l'Union Square Park.

Union Square Park ★★ [8]
entre Broadway et Park Ave. S., d'E. 14th St. à E. 17th St.

L'Union Square Park fut aménagé en 1830 afin de servir d'appât aux New-Yorkais fortunés désireux de se faire construire une maison dans un environnement paisible. Cependant, à partir de 1854, le square devient plutôt un quartier de théâtres et de divertissements populaires. On pourrait presque en parler comme du «Times Square» de l'époque.

Au début du XXe siècle, le square se transforme en lieu de rassemblement pour la gauche. Au cours des années 1930, la fête du 1er Mai puis du 1er Septembre (*Labor Day*) y attirera des millions de personnes. Malheureusement, la fréquentation du square décline à partir de 1960, laissant la place aux trafiquants de drogue jusqu'au réaménagement des lieux en 1986.

Aujourd'hui, le square accueille quatre fois par semaine *(lun, mer, ven, sam 8h à 18h)* l'**Union Square Greenmarket** (voir p. 98), un marché public de fruits et légumes qui donne à ce cadre hautement urbain un air champêtre et bon enfant.

Rendez-vous à l'extrémité nord-ouest de l'Union Square Park et empruntez Broadway en direction nord.

Flatiron District

Vue aérienne du Madison Square Park et de Broadway. © iStockphoto.com/Daniel Morris

Ladies Mile ★★ [9]

Le segment de Broadway qui s'étend de l'Union Square Park au Madison Square Park était autrefois surnommé le «Ladies Mile» en raison des multiples magasins de vêtements pour femmes qui s'y trouvaient. Plusieurs des bâtiments ayant abrité ces commerces du XIXe siècle subsistent toujours dans ce secteur aujourd'hui classé district historique. Les rez-de-chaussée logent maintenant des magasins de meubles et d'antiquités, alors que les étages supérieurs accueillent des ateliers de design et des galeries d'art. Certains des édifices arborent une architecture Second Empire exubérante, caractérisée par de hauts toits mansardés, couronnés de crêtes en fonte.

Cafés et restos

(voir carte p. 93)

Pongal $ [16]
110 Lexington Ave., entre 27th St. et 28th St., 212-696-9458, www.pongalnyc.com
Dans un petit local où l'on mange coude à coude, le personnel attentionné du restaurant Pongal sert de délicieux plats de cuisine indienne végétarienne admirablement bien relevée.

Shake Shack $ [17]
dans le coin sud-est du Madison Square Park, près de l'angle de Madison Ave. et d'E. 23rd St., 212-889-6600, www.shakeshack.com
Ne vous laissez pas décourager par la file qui attend invariablement les amateurs de hamburgers au Shake Shack. Le service est rapide et bien organisé, et il vaut la peine d'attendre pour manger l'un des meilleurs

hamburgers en ville, avec une magnifique vue du Flatiron Building en prime.

Eataly $-$$$ [13]
200 Fifth Ave., entre W. 23rd St. et W. 24th St., 212-229-2560, www.mariobatali.com

En plus d'un excellent café, vous trouverez quatre restaurants dans cet énorme marché dédié à la cuisine italienne (voir p. 98): La Piazza (vins, fromages et charcuteries), Il Pesce (poissons et fruits de mer), Le Verdure (végétarien) et La Pizza & La Pasta (pâtes et pizzas).

2nd Avenue Deli $$ [10]
162 E. 33rd St., entre Lexington Ave. et Third Ave., 212-689-9000, www.2ndavedeli.com

Une institution new-yorkaise, le 2nd Avenue Deli affiche tous les plats classiques des *delicatessens*: *matzoh ball soup*, *borscht*, sandwichs au pastrami, *corned beef*, *blintze*, *knish*…

♨ Penelope $$ [15]
159 Lexington Ave., angle 30th St., 212-481-3800, www.penelopenyc.com

Le Penelope propose une très bonne cuisine maison nourrissante et sans prétention, et l'on pourrait facilement y passer des heures à discuter, lire ou siroter un énième café.

Turkish Kitchen $$$ [18]
386 Third Ave., entre 27th St. et 28th St., 212-679-6633, www.turkishkitchen.com

Le Turkish Kitchen est considéré comme l'une des bonnes tables turques à New York. On y sert des plats typiques tels l'*ahtapot salata-*

si (pieuvre grillée et oignons) et le *hunkar begendi* (purée d'aubergines et cubes d'agneau).

Blue Water Grill $$$-$$$$ [11]
31 Union Square W., angle 16th St., 212-675-9500, www.bluewatergrillnyc.com

Ce populaire restaurant de fruits de mer est installé dans une ancienne succursale bancaire. La salle à manger a conservé une partie des comptoirs de la banque, et une longue terrasse a été aménagée en bordure de la rue.

♨ Japonica $$$-$$$$ [14]
100 University Place, angle 12th St., 212-243-7752, www.japonicanyc.com

Chez Japonica, les clients font la file pour mordre dans de gros sushis originaux qui fondent dans la bouche, ou pour goûter des spécialités introuvables dans les *sushi places* ordinaires, comme des sashimis de bœuf de Kobé.

♨ Craft $$$$ [12]
43 E. 19th St., entre Broadway et S. Park Ave., 212-780-0880, www.craftrestaurant.com

Restaurant qui fait courir le tout New York, Craft propose un menu à la carte qui permet de composer sa propre assiette à partir des suggestions de son réputé chef Tom Colicchio.

Union Square Cafe $$$$ [19]
21 E. 16th St., entre Fifth Ave. et Union Square W., 212-243-4020, www.unionsquarecafe.com

L'excellente réputation de l'Union Square Cafe contraste avec son décor d'une grande simplicité. Si vous n'arrivez pas à obtenir une table, mangez au bar, car la nourriture du restaurant est vraiment spéciale. Durant la belle saison, le chef compose son menu à partir des produits frais disponibles à l'**Union Square Greenmarket** (voir plus bas), voisin du restaurant.

Bars et boîtes de nuit *(voir carte p. 93)*

The Coffee Shop [22]
29 Union Square W., angle 16th St.,
212-243-7969, www.thecoffeeshopnyc.com

Les curieux se pressent dans ce bar branché pour prendre un verre ou apercevoir quelques mannequins ou artistes s'y échanger leurs cartes de visite.

Dos Caminos [20]
373 Park Ave. S., entre 26th St. et 27th St.,
212-294-1000, www.doscaminos.com

Dans ce resto-bar immense du Flatiron District, les *businesspeople* de New York viennent boire une *frozen margarita* après le travail.

Paddy Reilly's Music Bar [21]
519 Second Ave., angle 29th St.,
212-686-1210, www.paddyreillysmusicbar.us

La seule bière pression servie au Paddy Reilly's Music Bar est la sempiternelle Guinness, au col de 5 cm. Concerts sept jours sur sept.

Salles de spectacle et activités culturelles

(voir carte p. 93)

Irving Plaza [23]
17 Irving Place, angle E. 15th St.,
212-777-6800, www.irvingplaza.com
Groupes rock.

Lèche-vitrine

(voir carte p. 93)

Alimentation

Whole Foods Market [29]
4 Union Square S., 212-673-5388,
www.wholefoods.com

Cette chaîne exclusivement consacrée aux produits issus de l'agriculture biologique connaît un succès retentissant auprès des New-Yorkais. Consultez le site Internet de la chaîne pour connaître les nombreuses autres adresses à Manhattan.

Eataly [26]
200 Fifth Ave., entre W. 23rd St. et W. 24th St., 646-398-5100, www.mariobatali.com
Dans ce vaste marché dédié à la cuisine italienne, vous trouverez une quantité phénoménale de produits frais et importés, ainsi que quatre restaurants et un café (voir p. 97).

Union Square Greenmarket [28]
du côté ouest de l'Union Square Park (entre Broadway et Park Ave. S., de E. 14th St. à E. 17th St.), 212-788-7476, www.grownyc.org/unionsquaregreenmarket

Flatiron District

Le Strand Book Store, véritable institution de New York. © Strand Book Store

Le plus urbain des marchés publics new-yorkais est sans contredit l'Union Square Greenmarket, où les fermiers viennent vendre leurs produits frais aux chefs des grands restaurants des environs. Ouvert lundi, mercredi, vendredi et samedi de 8h à 18h.

Décoration

ABC Carpet & Home [24]
888 et 881 Broadway, angle E. 19th St.,
212-473-3000, www.abchome.com

Véritable caverne d'Ali Baba, ABC Carpet and Home présente des mobiliers et des objets de décoration du monde entier.

Librairies

Books of Wonder [25]
18 W. 18th St., entre Fifth Ave. et Sixth Ave.,
212-989-3270, www.booksofwonder.com

La librairie Books of Wonder propose aux enfants de merveilleux livres illustrés. Le Cupcake Café avoisine la librairie : les petits y grignoteront un *cupcake* sur un coin de table tout en bouquinant.

Strand Book Store [27]
828 Broadway, angle 12th St., 212-473-1452,
www.strandbooks.com

Le Strand est une institution depuis 1927, et sa réputation de meilleure librairie de New York ne se dément pas avec le temps. On se perd dans ses vastes rayons et on ressort immanquablement avec quelques bouquins, neufs ou d'occasion, sous le bras.

9 ↘

Midtown East: Fifth Avenue, Park Avenue et environs

À voir, à faire

(voir carte p. 105)

En parcourant le secteur de Midtown East, véritable forêt de gratte-ciel au cœur de Manhattan, vous découvrez deux des artères emblématiques de New York. D'abord, la célèbre Fifth Avenue qui partage, avec les Champs-Élysées à Paris, le titre d'artère la plus connue de la planète, et qui est en quelque sorte la vitrine de la métropole américaine. L'avenue regroupe nombre des beaux monuments de New York, dont l'Empire State Building, ainsi que quantité de magasins de luxe,

ce qui en fait la plus visitée des 14 avenues qui parcourent l'île de Manhattan du nord au sud.

Vous arpenterez ensuite Park Avenue, où vous ressentirez une incroyable impression d'espace et de grandeur. La prestigieuse avenue, qui s'étire de l'Union Square Park au sud jusque dans Harlem au nord, est interrompue dans sa course par le complexe du Grand Central Terminal, auquel se sont greffés l'édifice Helmsley et le MetLife Building, le tout formant une perspective grandiose visible au sud.

Le circuit débute sur Fifth Avenue en face de 33rd Street.

L'Empire State Building, icône Art déco de la *Big Apple*. © iStockphoto.com/Thodoris Georgakopoulos

Empire State Building ★★★
[1]

20$ pour l'observatoire du 86ᵉ étage, 16$ supplémentaires pour l'observatoire du 102ᵉ étage, 42$ pour l'Express Pass qui permet de passer devant toute la file d'attente, tlj 8h à 2h; acheter ses billets préalablement sur Internet ou faire la visite en soirée permet de réduire l'attente; 350 Fifth Ave., entre W. 33rd St. et W. 34th St., 212-736-3100, www.esbnyc.com

Le symbole par excellence de la ville de New York dresse fièrement ses 102 étages (373 m), accessibles par 73 ascenseurs, dans le ciel de Manhattan.

Le bâtiment de style Art déco, qui a fait la joie de *King Kong*, est le point de départ de nombreuses visites guidées. Il faut absolument visiter un de ses deux observatoires accessibles au public, à savoir une plateforme à l'air libre au 86ᵉ étage et un salon vitré au 102ᵉ étage, d'où l'on bénéficie d'un panorama à cou-

L'Empire State Building, un port aérien?

Le mât de l'Empire State Building, qui sert aujourd'hui de base à la tour de la diffusion, était au départ conçu pour amarrer les dirigeables. La première tentative d'en amarrer un (privé) fut fructueuse... pendant trois minutes. Un second essai, en septembre 1931, avec un dirigeable de la Marine, fit presque basculer l'engin, qui avait à son bord les célébrités réunies pour cet événement historique, pendant que son ballast d'eau se déversa sur les piétons. Fort heureusement, on finit par renoncer à utiliser le mât pour l'amarrage.

1. La Morgan Library & Museum, joyau de l'enclave résidentielle de Murray Hill.
© Graham Haber

2. Une carte postale ancienne de la New York Public Library.
© iStockphoto.com/ Jitalia17

per le souffle sur l'île de Manhattan et ses environs. Le coup d'œil est particulièrement impressionnant au crépuscule.

Poursuivez par 34th Street en direction est. Traversez Fifth Avenue avant de tourner à gauche dans Madison Avenue.

Morgan Library & Museum ★★ [2]

15$, entrée libre ven 19h à 21h; mar-jeu 10h30 à 17h, ven 10h30 à 21h, sam 10h à 18h, dim 11h à 18h; 225 Madison Ave., angle 36th St., 212-685-0008, www.themorgan.org

La Morgan Library & Museum est considérée à juste titre comme le joyau de l'enclave résidentielle de **Murray Hill** [3], dont la sérénité contraste grandement avec l'agitation perpétuelle des rues avoisinantes. L'ancienne bibliothèque personnelle du financier Pierpont Morgan a fait l'objet d'un vaste plan d'expansion conduit par le célèbre architecte Renzo Piano et achevé en 2006. Les trois édifices originaux, dont le plus ancien date de 1906, se sont vu ajouter de vastes galeries d'exposition, en partie souterraines, permettant la mise en valeur de la formidable collection de livres, carnets de notes, dessins, gravures, tableaux et sculptures du musée. Parmi les œuvres maîtresses, on compte plusieurs gravures de Rembrandt, trois bibles de Gutenberg, le manuscrit original du conte *A Christmas Carol* de la main de Charles Dickens, des lettres de Voltaire ainsi que des partitions manuscrites de Bach, Beethoven et Mozart.

Revenez vers Fifth Avenue, que vous emprunterez en direction nord

jusqu'à 41st Street, où se trouve l'entrée de la New York Public Library.

New York Public Library ★★★ [4]

entrée libre; lun et jeu-sam 10h à 18h, mar-mer 10h à 20h, dim 13h à 17h; visites guidées gratuites lun-sam à 11h et 14h et dim à 14h; du côté ouest de Fifth Ave., entre 40th St. et 42nd St., 917-275-6975, www.nypl.org

La New York Public Library est installée dans un immense «palais» Beaux-Arts construit en 1911. Elle abrite une collection de plusieurs millions de volumes qui rivalise avec celle de la Library of Congress à Washington et des plus grandes bibliothèques du monde. Les magnifiques salles de la bibliothèque, restaurées entre 1983 et 1998, méritent une visite.

Bryant Park ★★ [5]

entre Fifth Ave. et Sixth Ave., de 40th St. à 42nd St.

Derrière l'édifice de la bibliothèque s'étend le Bryant Park, l'un des beaux jardins publics de la ville. Ce havre de paix et de sérénité au cœur du Midtown est entouré de balustrades en pierre ceinturant de belles rangées d'érables sycomores. On y trouve des restaurants et des cafés dotés de charmantes terrasses. Le soir, on voit parfaitement bien, depuis le Bryant Park, à la fois le Chrysler Building et l'Empire State Building illuminés. Inoubliable, cette double perspective est d'un romantisme fou.

Quittez le parc et revenez vers Fifth Avenue, que vous emprunterez en direction nord jusqu'au Rockefeller Center.

Midtown East

À voir, à faire ★

1.	AZ	Empire State Building
2.	AZ	Morgan Library & Museum
3.	AZ	Murray Hill
4.	AY	New York Public Library
5.	AY	Bryant Park
6.	AX	Rockefeller Center
7.	AW	Radio City Music Hall
8.	AW	St. Patrick's Cathedral
9.	AW	Museum of Modern Art (MoMA)
10.	AW	Fifth Avenue Presbyterian Church
11.	AV	Grand Army Plaza / Pulitzer Memorial Fountain / statue de William Tecumseh Sherman
12.	AV	The Plaza Hotel
13.	BW	St. Bartholomew's Church
14.	BX	Waldorf-Astoria
15.	BX	Helmsley Building
16.	BY	Grand Central Terminal
17.	BY	Chrysler Building
18.	CX	United Nations Headquarters

Cafés et restos ●

19.	CV	Aja Asian Bistro & Lounge
20.	AW	Aquavit
21.	AY	Asia de Cuba
22.	AY	Aureole
23.	BV	BLT Steak
24.	AY	Bryant Park Grill & Café
25.	BY	Grand Central Oyster Bar & Restaurant
26.	AZ	HanGawi
27.	AX	Ipanema
28.	AZ	Madangsui
29.	CX	Padre Figlio
30.	AV	Sarabeth's Central Park South
31.	AV	Tao
32.	AY	The Morgan Café

Bars et boîtes de nuit ☽

33.	CX	Top of the Tower

Salles de spectacle ◆

34.	AY	Bryant Park Summer Film Festival
35.	AW	Radio City Music Hall

Lèche-vitrine ■

36.	AW	Anthropologie
37.	AV	Apple Store
38.	AV	Bergdorf Goodman
39.	AV	FAO Schwarz
40.	AW	Gianni Versace
41.	AV	NikeTown
42.	AX	Saks Fifth Avenue

Hébergement ▲

43.	BY	Eastgate Tower Hotel
44.	AZ	Eventi – A Kimpton Hotel
45.	AV	Hotel Elysée
46.	AZ	Hotel Wolcott
47.	AZ	Morgans
48.	BW	The Pod Hotel

Rockefeller Center ★ ★ ★ [6]

www.rockefellercenter.com

Le complexe du Rockefeller Center s'étend de 48th Street à 51st Street, à l'ouest de Fifth Avenue. Ce vaste ensemble regroupe 19 immeubles en hauteur reliés entre eux par des passages souterrains bordés de boutiques, appelés **The Concourse**, formant ainsi une véritable ville dans la ville.

Les premiers bâtiments du Rockefeller Center que l'on aperçoit sont la **Maison Française** et le **British Empire Building**, séparés par d'étroits jardins menant à une vaste terrasse envahie par les tables des restaurants avoisinants pendant l'été, et qui se transforme en une patinoire romantique l'hiver venu. On y installe chaque année en décembre un colossal arbre de Noël tout illuminé qui fait la joie des petits et des grands.

À l'arrière-plan se profile la structure Art déco de l'ancien RCA Building, rebaptisé **GE Building** *(30 Rockefeller Plaza)*. Cette tour élancée de 70 étages, inaugurée en 1933, est notamment le siège national du réseau de télévision **NBC**, qui exploite une amusante petite boutique de souvenirs à l'angle de 49th Street et de la Rockefeller Plaza, le **NBC Experience Store**. À noter que le General Electric Building est puissamment mis en valeur par des projecteurs le soir venu.

Pénétrez à l'intérieur du General Electric Building et ressortez sur Sixth Avenue, aussi appelée « Avenue of the Americas ».

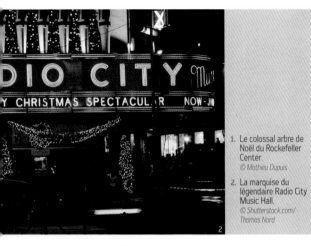

1. Le colossal arbre de Noël du Rockefeller Center.
© Mathieu Dupuis

2. La marquise du légendaire Radio City Music Hall.
© Shutterstock.com/ Thomas Nord

Midtown East: Fifth Avenue, Park Avenue et environs

Radio City Music Hall [7]

19,25$; visites guidées tlj 11h à 15h; 1260 Sixth Ave., 212-247-4777, www.radiocity.com

L'angle nord-est de 50th Street et de Sixth Avenue (Avenue of the Americas) est occupé par la marquise bordée de néon rouge du légendaire Radio City Music Hall. La visite de cette autre composante importante du Rockefeller Center débute dans le «Grand Foyer» au plafond de feuilles d'or. Cette salle donne accès au vaste amphithéâtre de 6 000 places où se produisent les Rockettes, ces danseuses au synchronisme exceptionnel.

Revenez vers Fifth Avenue en longeant 50th Street.

St. Patrick's Cathedral ★★★ [8]

tlj 6h30 à 20h45; Fifth Ave., entre 50th St. et 51st St., 212-753-2261, www.saintpatrickscathedral.org

En face du Rockefeller Center se dressent les flèches de la St. Patrick's Cathedral, construite entre 1858 et 1888. L'édifice de style néogothique flamboyant, écrasé par les gratte-ciel qui l'encerclent de tous côtés, est pourtant impressionnant. À preuve, ses tours qui culminent à 101 m au-dessus de Fifth Avenue et sa nef longue de 124 m. À l'intérieur, on admire l'orgue de 7 800 tuyaux, le baldaquin doré surmontant le maître-autel en marbre d'Italie, les 60 verrières provenant de Chartres, ainsi que la délicate Lady Chapel (chapelle de la Vierge), à l'arrière du chœur.

1. Les flèches de la St. Patrick's Cathedral.
© iStockphoto.com/Isabelle Carpenter

2. Le Museum of Modern Art, communément appelé le MoMA. © 2011 Timothy Hursley

Dirigez-vous vers le nord par Fifth Avenue et tournez à gauche dans West 53rd Street.

Museum of Modern Art ★★★ [9]

25$, comprend l'audioguide en français, entrée libre ven 16h à 20h; mer, jeu et sam-lun 10h30 à 17h30, ven jusqu'à 20h; 11 W. 53rd St., entre Fifth Ave. et Sixth Ave., 212-708-9400, www.moma.org

Le plus prestigieux musée d'art moderne au monde a fait peau neuve en 2004 après un long projet de rénovation conduit par l'architecte japonais Yoshio Taniguchi. En doublant sa surface d'exposition et en dotant ses galeries, traversées par un gigantesque atrium, d'énormes volumes blancs et lumineux, le nouveau MoMA a assuré sa place dominante parmi les grands musées d'art contemporain du monde. Les visiteurs peuvent y voir une succession des plus grands chefs-d'œuvre d'artistes phares tels que Kandinsky, Picasso, Warhol, Pollock, Cézanne, Dalí, Matisse et Miró. À l'arrière du hall du musée, ils peuvent se détendre au milieu du Sculpture Garden, un joli jardin de sculptures, véritable oasis en plein Midtown. Le musée abrite en outre une importante cinémathèque qui regroupe plus de 25 000 films.

Bref, le menu est considérable. On ne se bouscule pas normalement dans les musées d'art moderne, même dans les meilleurs, mais la célébrité et le culte du MoMA en font une destination d'art… populaire. À défaut de visiter le musée, ne manquez pas d'entrer au moins dans son bâtiment unique et d'explorer sa boutique exceptionnelle.

De retour sur Fifth Avenue, poursuivez en direction nord jusqu'à 55th Street.

Fifth Avenue Presbyterian Church ★★ [10]

705 Fifth Ave., angle 55th St.

En 1875, la cathédrale catholique St. Patrick était presque terminée, et une première église anglicane avait vu le jour dans le Midtown. Pour ne pas être en reste, les presbytériens ont alors fait construire la Fifth Avenue Presbyterian Church en grès brun rosé. L'intérieur, revêtu de boiseries sombres de style néogothique, est aménagé autour de la chaire qui occupe l'emplacement habituellement réservé à l'autel, la prédication jouant un rôle plus important que l'Eucharistie dans le rite presbytérien.

Poursuivez par Fifth Avenue jusqu'à la Grand Army Plaza, qui débouche sur la verdure reposante de Central Park.

Grand Army Plaza ★ [11]
angle Fifth Ave. et Central Park S.

La Grand Army Plaza marque la fin de la Cinquième Avenue commerçante et le début de l'artère à vocation institutionnelle et résidentielle qui longe le flanc est de Central Park. Le centre de la place est orné de la **Pulitzer Memorial Fountain**, surmontée d'une statue de Pomone, déesse des fruits et des jardins. Du côté nord, on peut également voir une statue équestre recouverte d'or représentant le général **William Tecumseh Sherman**, mort à New York en 1891. La Grand Army Plaza est le lieu de rassemblement des cochers qui proposent des tours de calèche dans Central Park.

The Plaza Hotel ★★ [12]
à l'ouest de la Grand Army Plaza, entre E. 58th St. et E. 59th St.

À l'ouest de la place, on aperçoit l'un des hôtels les plus connus dans le monde: The Plaza Hotel. Cet établissement, dont plusieurs chambres accordent une vue imprenable sur Central Park, est devenu une «vedette» d'Hollywood grâce aux

nombreux tournages cinématographiques qui y ont été effectués.

Empruntez 58th Street en direction est et tournez à droite dans Park Avenue, que vous suivrez jusqu'à 51st Street.

St. Bartholomew's Church ★★ [13]
entre 50th St. et 51st St., www.stbarts.org

À la fin du XIXe siècle, Park Avenue n'est encore qu'une horrible tranchée au fond de laquelle s'étendent les voies ferrées qui aboutissent à la gare du Grand Central Terminal, à la hauteur de 42nd Street. Entre 1903 et 1913, la tranchée est recouverte par l'artère prestigieuse que nous connaissons aujourd'hui. La très belle St. Bartholomew's Church est l'un des premiers édifices prestigieux à avoir été construits sur Park Avenue, et son architecture roma-

no-byzantine demeure spectaculaire malgré les multiples gratte-ciel
qui l'entourent aujourd'hui.

Waldorf-Astoria ★ [14]
301 Park Ave., entre 49th St. et 50st St

L'hôtel Waldorf-Astoria occupe un
mastodonte Art déco de 47 étages
comprenant plus de 1 400 chambres. L'hôtel des têtes couronnées
et des personnalités politiques possède une entrée distincte dans 50th
Street, conduisant directement à
ses hautes tours qui abritent des
appartements luxueusement meu-
blés où ont notamment habité
John F. Kennedy, Henry Kissinger et
le duc de Windsor. Ne manquez pas
d'emprunter la longue promenade
du hall, où ont déambulé la plupart
des monarques du XXe siècle.

*Poursuivez votre chemin en direction
sud dans Park Avenue.*

Helmsley Building ★ [15]
230 Park Ave.

Le Helmsley Building constitue le
point de mire de la perspective de
Park Avenue. Construit en 1928 pour
loger les bureaux de la Grand Central Railway Company, il possède
deux grandes arcades en rez-de-
chaussée qui permettent aux auto-
mobiles d'accéder à la gare située
à l'arrière. Le soir, le sommet du
Helmsley Building bénéficie d'un
éclairage savamment étudié qui
met en valeur l'ornementation complexe de son couronnement.

*Tournez à gauche dans East 46th
Street, puis à droite dans Lexington
Avenue et à droite dans East 42nd
Street pour accéder à l'entrée prin-*

1. La majesté du Grand Central Terminal, une merveille du style Beaux-Arts.
© Shutterstock.com/ Emin Kulyev

2. Le Chrysler Building, le plus original des gratte-ciel Art déco de New York.
© Philippe Renault/ hemis.fr

cipale du Grand Central Terminal, qui se trouve à l'angle d'East 42nd Street et de Park Avenue.

Grand Central Terminal ★★★ [16]

E. 42nd St. à E. 44th St., entre Vanderbilt Ave. et Lexington Ave.

Le Grand Central Terminal se dresse dans l'axe de Park Avenue South. Ce mammouth ferroviaire fut construit en 1903, et l'édifice que l'on aperçoit n'est que la « pointe d'un gigantesque iceberg », puisque quatre-vingt pour cent de cette gare est aménagée en sous-sol.

La gare, merveille du style Beaux-Arts, est surmontée d'une horloge entourée de personnages mythiques. Dans la salle des pas perdus, accessible par l'entrée aménagée sous le viaduc de 42nd Street, on peut admirer un étonnant plafond où sont représentés les signes du zodiaque.

Dirigez-vous vers l'est par East 42nd Street.

Chrysler Building ★★★ [17]

hall accessible lun-ven 8h à 17h; 405 Lexington Ave., angle 42nd St.

Le fameux Chrysler Building est sans doute le plus original des gratte-ciel Art déco de New York. L'édifice de 77 étages, érigé en 1929, est surtout connu pour son couronnement en éventail, aux angles duquel sont installées des gargouilles épousant la forme des bouchons de radiateurs des voitures Chrysler de l'époque. Il a été l'édifice le plus haut du monde jusqu'à la construction de l'Empire State Building, deux ans plus tard. Au rez-de-chaussée, on peut admirer les peintures

Le siège des Nations Unies, érigé entre 1947 et 1952. © iStockphoto.com/Samuel Kessler

murales de l'ancienne salle de montre représentant des avions et des usines.

Passez sous le viaduc du complexe résidentiel de Tudor City, puis tournez à gauche dans First Avenue, rebaptisée « United Nations Plaza » à cet endroit. L'entrée des visiteurs du siège des Nations Unies est située à la hauteur d'East 46th Street.

United Nations Headquarters ★★★ [18]

16$; les enfants de moins de 5 ans ne sont pas admis, visites guidées de 45 min obligatoires, en anglais seulement, départs toutes les demi-heures; lun-ven 9h45 à 16h45, mieux vaut arriver tôt car un nombre limité de billets est disponible chaque jour; First Ave., angle 46th St., 212-963-8687, www.un.org/tours

Le siège des Nations Unies a été érigé entre 1947 et 1952. Le complexe regroupe quatre bâtiments principaux. Du nord au sud, on aperçoit la structure arquée de la salle de l'Assemblée générale, la mince tour de 39 étages du Secrétariat général et la bibliothèque Hammarskjöld. Le bâtiment des conférences, qui abrite les salles de réunion du Conseil de sécurité et du Conseil économique et social, est partiellement dissimulé par la tour du Secrétariat général.

Les visites guidées permettent d'accéder, sauf s'il y a une réunion en cours, aux salles du Conseil de sécurité et de l'Assemblée générale, et d'apercevoir certaines expositions portant sur les opérations de maintien de la paix ou sur le désarmement.

Cafés et restos

(voir carte p. 105)

Ipanema $$ [27]
13 W. 46th St., entre Fifth Ave. et Sixth Ave.,
212-730-2954, www.ipanemanyc.com

Établi dans le secteur de «Little Brazil», le restaurant portugais-brésilien Ipanema est aussi chaleureux, romantique et classique que la jolie chanson éponyme.

The Morgan Café $$ [32]
Morgan Library & Museum, 225 Madison Ave.,
angle 36th St., 212-683-2130,
www.themorgan.org

Installé dans le lumineux hall de la **Morgan Library** (voir p. 102), le charmant Morgan Café étale ses tables autour d'un joli jardin intérieur.

Aja Asian Bistro & Lounge $$ [19]
1066 First Ave., angle 58th St., 212-888-8008

Décor exotique, fabuleux cocktails et cuisine d'inspiration panasiatique font de l'Aja un resto branché du Midtown East.

Madangsui $$-$$$ [28]
35 W. 35th St., entre Fifth Ave. et Avenue of
the Americas, 212-564-9333,
www.madangsui.com

Chaque table de ce populaire restaurant compte en son centre un barbecue où les clients, aidés de leur serveuse, font revenir *bulgogi*, *dak gui* et autres délicieuses spécialités coréennes.

Sarabeth's Central Park South $$-$$$ [30]
40 Central Park South, entre Fifth Ave.
et Sixth Ave., 212-826-5959,
www.sarabethscps.com

Voir la description p. 143.

Grand Central Oyster Bar & Restaurant $$$ [25]
au sous-sol du Grand Central Terminal, angle
42nd St. et Park Ave., 212-490-6650,
www.oysterbarny.com

Ce restaurant de fruits de mer est la grande dame des nombreux restaurants du Grand Central Terminal. Le bar affiche un menu à prix plus doux que le restaurant voisin et offre une ambiance plus décontractée autour d'une cuisine à aire ouverte.

Bryant Park Grill & Café $$$-$$$$ [24]
Grill: 25 W. 40th St., entre Fifth Ave. et Sixth
Ave. Café: dans le Bryant Park, accès par Fifth
Ave., entre 40th St. et 41st St., 212-840-6500,
www.arkrestaurants.com

Le Bryant Park Grill & Café s'inscrit dans le cadre du superbe parc urbain du même nom (voir p. 103), situé derrière la New York Public Library. Le menu, composé de classiques simples à préparer, est satisfaisant mais sans plus. Ici, le plat de résistance est la vue du parc.

HanGawi $$$-$$$$ [26]
12 E. 32nd St., entre Fifth Ave.
et Madison Ave., 212-213-0077,
www.hangawirestaurant.com

Quand vous ouvrez la porte de ce restaurant coréen végétarien, vous entrez dans un monde exotique et quasi magique. HanGawi offre en

Midtown East: Fifth Avenue, Park Avenue et environs

effet une expérience inoubliable à base de l'humble tofu et de son compagnon, le champignon.

Tao $$$-$$$$ [31]
42 E. 58th St., entre Madison Ave. et Park Ave., 212-888-2288, www.taorestaurant.com

Entre *lounge* et restaurant, Tao attire une clientèle jeune, cosmopolite et branchée. Ses *dumplings*, sushis, rouleaux de printemps et nouilles mélangent diverses inspirations asiatiques, pour des plats aux saveurs parfois surprenantes.

Aquavit $$$$ [20]
65 E. 55th, entre Park Ave. et Madison Ave., 212-307-7311, www.aquavit.org

Le menu d'Aquavit s'inspire des traditions culinaires de la Scandinavie avec ses délicieux plats de gravlax, saumon ou homard, que l'on accompagne d'une excellente bouteille de vin.

Asia de Cuba $$$$ [21]
Morgans, 237 Madison Ave., entre 37th St. et 38th St., 212-726-7755

Le restaurant de l'hôtel **Morgans** (voir p. 187), Asia de Cuba, propose un subtil mélange de cuisine asiatique et cubaine. Le blanc décor minimaliste est signé Philippe Starck.

Aureole $$$$ [22]
135 W. 42nd St., entre Sixth Ave. et Broadway, 212-319-1660, www.charliepalmer.com

Pilier de la haute gastronomie de Manhattan, l'Aureole appartient à la prestigieuse chaîne des Relais Gourmands et brigue toujours sa place parmi les meilleurs restaurants de la ville.

BLT Steak $$$$ [23]
106 E. 57th St., entre Park Ave. et Lexington Ave., 212-752-7470, www.bltsteak.com

BLT pour Bistro Laurent Tourondel. Un bistro? Pas tout à fait car ce chef français s'est inspiré des grilladeries américaines pour composer son menu. Addition «relevée» mais les steaks comptent parmi les meilleurs de New York.

Padre Figlio $$$$ [29]
310 E. 44th St., entre First Ave. et Second Ave., 212-286-4310, www.padrefiglio.com

À la fois une grilladerie et un restaurant italien classique, Padre Figlio propose une cuisine de qualité dans un cadre élégant mais chaleureux.

Bars et boîtes de nuit *(voir carte p. 105)*

Top of the Tower [33]
Beekman Tower Hotel, 3 Mitchell Place (49th St.), angle First Ave., 212-980-4796, www.thetopofthetower.com

Le Top of the Tower du Beekman Tower Hotel est perché au 26e étage et offre des vues sensationnelles sur New York.

Salles de spectacle et activités culturelles

(voir carte p. 105)

Bryant Park Summer Film Festival [34]
Bryant Park, entre 40th St. et 42nd St., et entre Fifth Ave. et Sixth Ave., www.bryantpark.org

En été, le magnifique Bryant Park installe un écran géant pour quelques rétrospectives ou classiques du cinéma américain tournés à New York.

Radio City Music Hall [35]
1260 Sixth Ave., entre 50th St. et 51st St., 212-307-7171, www.radiocity.com
Rock, pop, R&B, jazz...

Lèche-vitrine

(voir carte p. 105)

Grands magasins

Bergdorf Goodman [38]
754 Fifth Ave., angle W. 58th St., 800-558-1855, www.bergdorfgoodman.com
Bergdorf Goodman, le plus exclusif des grands magasins new-yorkais, rassemble tous les grands noms de la haute couture ainsi que de nombreuses marques de prêt-à-porter.

Saks Fifth Avenue [42]
611 Fifth Ave., angle 50th St., 212-753-4000, www.saksfifthavenue.com
Impossible d'arpenter la Cinquième Avenue sans entrer chez le «cultissime» Saks, devenu au fil du temps le fief du luxe new-yorkais. Des accessoires aux chaussures, en passant par la parfumerie ou la mode enfant, tout ici respire le luxe.

Bijouteries

Si l'on est amateur de bijoux, il y a une rue qu'il ne faut pas manquer à New York: la 47e entre Fifth Avenue et Sixth Avenue. Un petit bout

Le célèbre magasin de jouets FAO Schwarz. © Philippe Renault/hemis.fr

de rue en réalité, surnommé le *Diamond District* en raison de l'extraordinaire concentration de bijoutiers et joailliers dont les vitrines se succèdent en rang serré.

Jouets

FAO Schwarz [39]
767 Fifth Ave., angle 58th St., 212-644-9400, www.fao.com
Le royaume du père Noël n'est pas au pôle Nord, mais bien à New York, chez FAO Schwarz, qui est sans doute l'un des plus grands magasins de jouets au monde.

Matériel informatique

Apple Store [37]
767 Fifth Ave., entre E. 58th St. et E. 59th St., 212-336-1440, www.apple.com
Les mordus de iPod, iPad et autres iPhone ne pourront manquer l'im-

La boutique du
couturier italien
Gianni Versace.
© Philippe Renault/
hemis.fr

mense cube qui marque l'entrée de cette succursale souterraine des magasins Apple sur Fifth Avenue.

Sports et plein air

NikeTown [41]

6 E. 57th St., entre Fifth Ave. et Madison Ave., 212-891-6453, www.nike.com

On se rend au magasin NikeTown autant pour le décor *high tech* des lieux que pour les articles de sport de marque Nike qui y sont vendus (souliers de course, survêtements de jogging, etc.).

Vêtements et accessoires

Anthropologie [36]

50 Rockefeller Plaza, angle W. 50th St., 212-246-0386, www.anthropologie.com

Anthropologie fait partie de cette nouvelle vague d'enseignes mêlant décoration, linge de maison, vêtements et accessoires de mode.

Gianni Versace [40]

647 Fifth Ave., entre 51st St. et 52nd St., 212-317-0224, www.versace.com

La boutique du regretté couturier italien Gianni Versace continue d'attirer les amateurs de vêtements élégants.

10

Midtown West: Times Square et Broadway

À voir, à faire

(voir carte p. 121)

Toujours animé dans la journée, Times Square devient un lieu magique en soirée alors que s'illuminent les énormes panneaux publicitaires au néon qui en tapissent le pourtour. Les rues avoisinantes forment le Theatre District et regroupent une formidable concentration de théâtres (plus d'une quarantaine en tout) où l'on présente non seulement les grandes comédies musicales dites «de Broadway», mais aussi des œuvres théâtrales et des spectacles de danse.

Le circuit débute au sud du secteur de Times Square, à l'angle de Seventh Avenue et de West 31st Street.

Madison Square Garden [1]
20$; visites guidées toutes les demi-heures tlj 11h à 15h; du côté ouest de Seventh Ave., entre W. 31st St. et W. 33rd St., 212-465-6741, www.thegarden.com

Le Madison Square Garden dresse son gigantesque cylindre de maçonnerie sur Seventh Avenue. Cette arène sportive de 20 000 sièges, où se produisent notamment les équipes de hockey (Rangers) et de basketball (Knicks) de la ville, accueille aussi de prestigieux concerts. L'institution, fondée en 1874 par le grand maître du cirque P.T. Barnum, était autrefois située en face du **Madison Square Park** (voir p. 90), d'où son nom.

Rendez-vous à West 34th Street et tournez à droite.

Midtown West: Times Square et Broadway

Herald Square [2]
angle Broadway et Sixth Ave., à la hauteur de W. 34th St.

Le minuscule Herald Square, de forme triangulaire, était autrefois bordé par les bureaux du quotidien *The New York Herald*. Au centre, on aperçoit une belle horloge publique, seul élément qui subsiste de la présence du *Herald* sur le square. Depuis 2009, Broadway est fermée à la circulation automobile entre 33rd Street et 35th Street face au Herald Square et au grand magasin Macy's, créant ainsi l'agréable **Herald Square Pedestrian Plaza**.

Macy's [3]
151 W. 34th St., entre Broadway et Seventh Ave.

Soyez le bienvenu dans «le plus grand magasin du monde»! Dix étages, 200 000 m², et tout ce que l'on peut imaginer acheter... Macy's, planté fièrement sur Herald Square, continue d'attirer les foules. Ce grand magasin, devenu un point de repère familier dans le paysage de gratte-ciel du Midtown, est également bien connu pour son traditionnel défilé de la Thanksgiving, qui emprunte Broadway chaque année à la fin du mois de novembre.

Suivez Broadway en direction nord jusqu'à 42nd Street.

Theatre District ★★
Vous voici à l'extrémité sud du Theatre District, qui s'étend de 42nd Street à 53rd Street, entre Sixth Avenue et Eighth Avenue. Le quartier est extrêmement dense, et il faut parfois traverser ses rues étroites en plein milieu d'une inter-

1. Macy's, le « plus grand magasin du monde »!
© Philippe Renault/hemis.fr

2. Times Square et son activité incessante.
© Mathieu Dupuis

Midtown West: Times Square et Broadway

section, afin d'admirer la portion des théâtres qui se trouve au-dessus des marquises, car celles-ci surplombent en général le trottoir.

Times Square ★★★ [4]

Malgré la cohue, le vacarme et le clinquant, Times Square demeure un lieu incontournable lors d'un voyage à New York. Une multitude d'écrans géants surplombent un enchevêtrement de rues étroites, qui diffusent en continu et en couleurs criardes cours de la Bourse, publicités rivalisant de créativité ou infos du monde. Times Square ne dort jamais et synthétise l'absolue frénésie des rues new-yorkaises. Arpenter Times Square de nuit reste un grand classique à New York, une carte postale de la ville grand format! Depuis 2010, le secteur de Times Square a été fermé à la cir-culation automobile sur Broadway entre 42nd Street et 47th Street. Baptisée la **Times Square Pedestrian Plaza** [5], cette nouvelle aire piétonnière ajoute à l'ambiance de l'endroit, surtout en été, alors que les gens peuvent s'installer sur des chaises de parterre disposées au cœur de Times Square pour s'imprégner de la frénésie qui les entoure.

En regardant vers le sud, on aperçoit le bâtiment triangulaire du **One Times Square** [6] (Broadway, angle Seventh Ave., entre 42nd St. et 43rd St.), qui abritait jadis les bureaux du quotidien The New York Times. L'inauguration de l'édifice le 31 décembre 1904 avait été précédée de feux d'artifice pétaradants, cérémonie qui a donné naissance à la célèbre tradition des fêtes du Nouvel An (voir p. 201). D'ailleurs,

Midtown West

Midtown West: Times Square et Broadway

À voir, à faire ★

1. CZ Madison Square Garden
2. CY Herald Square
3. CY Macy's
4. CX Times Square
5. CX Times Square Pedestrian Plaza
6. CX One Times Square / Times Square Ball
7. CX Ancien Paramount Building
8. CX Duffy Square / TKTS Discount Booth
9. AX Intrepid Sea, Air & Space Museum
10. CV Carnegie Hall / Rose Museum

Cafés et restos ●

11. BX Becco
12. CW Carnegie Deli
13. BX Delta Grill
14. CX Joe Allen
15. CW Momofuku Má Pêche
16. CW Momofuku Milk Bar
17. BY Skylight Diner
18. CW The Burger Joint
19. BX Zen Palate

Bars et boîtes de nuit ♪

20. CW Flûte Midtown
21. BV Hudson Bar/Library Bar/Sky Terrace

Salles de spectacle ◆

22. CX Birdland
23. CV Carnegie Hall
24. CW Carolines on Broadway
25. CZ Madison Square Garden
26. CW Roseland Ballroom
27. AW Terminal 5
28. CW The Iridium

Lèche-vitrine ■

29. CX Disney Store
30. CY Macy's
31. CX Toys "R" Us

Hébergement ▲

32. BX 414 Hotel
33. CY Hotel 41 at Times Square
34. CX Millennium Broadway Hotel
35. CW Radio City Apartments
36. CW The London NYC

depuis 2008, la **Times Square Ball**, cette fameuse sphère géodésique qui annonce le coup de minuit à chaque veille du jour de l'An, est maintenant illuminée tous les soirs.

En regardant vers le sud-ouest, on peut admirer l'ancien **Paramount Building** [7] *(1501 Broadway, angle 44th .St.)*, élevé en 1926 pour la société de production du même nom. Avec sa tour dotée d'une horloge et surmontée d'une boule noire, autrefois illuminée de l'intérieur, le Paramount Building est rapidement devenu l'un des symboles de Times Square.

Coincé entre Broadway et Seventh Avenue, un minuscule espace public baptisé **Duffy Square** [8] *(entre 46th St. et 47th St.)* tente de se faire une place au soleil. Ce triangle de béton, écrasé par d'immenses écrans lumineux, accueille le fameux **TKTS Discount Booth** *(lun et mer-dim 15h à 20h, mar 14h à 20h pour les spectacles en soirée; mer et sam 10h à 14h et dim 11h à 15h pour les spectacles en matinée; angle Broadway et 47th St., www. tdf.org)*, un kiosque où les New-Yorkais viennent acheter à rabais les billets invendus de comédies musicales de Broadway. Duffy Square abrite également un petit amphithéâtre ouvert au public, avec vue plongeante sur le fascinant spectacle de Times Square.

Un détour facultatif en direction du fleuve Hudson permet de rejoindre l'*Intrepid Sea, Air & Space Museum. Prenez 46th Street en direction ouest jusqu'à 12th Avenue.*

Intrepid Sea, Air & Space Museum ★★ [9]

24$; nov à mars mar-dim 10h à 17h; avr à oct lun-ven 10h à 17h, sam-dim 10h à 18h; Pier 86, angle 46th St. et 12th Ave., 212-245-0072 ou 877-957-7447, www.intrepidmuseum.org

Voici l'un des musées les plus populaires de New York, et l'un des plus américains. En effet, le porte-avions a joué un rôle clé dans l'histoire militaire américaine, et le porte-avions *Intrepid* est la grande star du musée. Ce géant de la Seconde Guerre mondiale et de la guerre du Vietnam fait près de 300 m de long, avec sept niveaux! La collection d'avions du musée est aussi exceptionnelle.

Revenez vers Broadway et dirigez-vous vers le nord. Tournez à droite dans 56th Street.

Carnegie Hall ★★ [10]

10$ pour la visite guidée, visites guidées lun-ven à 11h30, 12h30, 14h et 15h, sam à 11h30 et 12h30, dim à 12h30; fermé de juil à mi-sept; 154 W. 57th St.; visites guidées 212-903-9765, information 212-247-7800, www.carnegiehall.org

Le Carnegie Hall est considéré à juste titre comme le sanctuaire de la musique aux États-Unis. Pour l'artiste qui réussit à s'y produire, c'est la consécration immédiate. Plusieurs événements mémorables de l'histoire de la chanson et de la musique ont eu lieu dans cette enceinte. Parmi ceux-ci, mention-

Le Carnegie Hall, sanctuaire de la musique aux États-Unis. © iStockphoto.com/Aarre Rinne

nons le concert d'ouverture dirigé par Tchaïkovski en personne (1891), la première de la *Symphonie du Nouveau Monde* de Dvořák, les fabuleux récitals de violon d'Isaac Stern, les derniers spectacles de Judy Garland et le premier concert nord-américain des Beatles. Un petit musée, le **Rose Museum** *(entrée libre; mi-sept à fin juin tlj 11h à 16h30, fermé le reste de l'année)*, permet de se documenter sur d'autres événements marquants de l'histoire du Carnegie Hall.

Cafés et restos

(voir carte p. 121)

Skylight Diner *$* [17]
402 W. 34th St., entre Ninth Ave. et Dyer Ave., 212-244-0395, www.skylightdinernyc.com

Ouvert 24h sur 24, le Skylight Diner est un bon choix pour les noctambules qui veulent prendre une bouchée à la sortie des bars ou pour ceux qui cherchent un endroit où prendre un bon petit déjeuner le matin.

The Burger Joint *$* [18]
Le Parker Meridien, 119 W. 56th St., 212-708-7414, www.parkermeridien.com

Niché dans le très chic hôtel Le Parker Meridien, ce petit *burger joint* pas cher et très cosy propose des hamburgers délicieux dans une ambiance authentique.

Zen Palate *$-$$* [19]
663 Ninth Ave., angle 46th St., 212-582-1669, www.zenpalate.com

Le Zen Palate prépare d'alléchantes créations végétariennes qui plairont même aux carnivores les plus irréductibles. Tofu, seitan et légumes apprêtés de différentes façons composent une carte variée et alléchante.

Carnegie Deli $$ [12]
854 Seventh Ave., angle 55th St., 212-757-2245, www.carnegiedeli.com

Le Carnegie Deli est l'un des plus anciens *delicatessens* du quartier des théâtres. Comme dans les autres restaurants du même genre, y sont servis d'énormes sandwichs au pastrami, des hamburgers à plusieurs étages ainsi que le fameux *cheesecake* (gâteau au fromage), couronné de fraises fraîches.

Delta Grill $$ [13]
700 Ninth Ave., angle 48th St., 212-956-0934, www.thedeltagrill.com

Aux États-Unis, il faut essayer au moins une fois la cuisine cajuncréole originaire de la Louisiane cadienne, et le Delta Grill est assez authentique pour satisfaire les puristes du gombo et de l'écrevisse.

Becco $$-$$$ [11]
355 W. 46th St., entre Eighth Ave. et Ninth Ave., 212-397-7597, www.becconyc.com

Le Becco, un restaurant italien de style classique et chaleureux, dispose d'une jolie cour intérieure éclairée par un puits de lumière. Bon rapport qualité/prix.

🔆 Joe Allen $$-$$$ [14]
326 W. 46th St., entre Eighth Ave. et Ninth Ave., 212-581-6464, www.joeallenrestaurant.com

La populaire marque Joe Allen reste une petite institution dans le Theatre District. Si l'on veut prendre le pouls de Broadway en mangeant des classiques de la cuisine américaine, c'est dans ce petit sous-sol cosy et élégant qu'il faut se rendre.

Momofuku Má Pêche / Momofuku Milk Bar
$$$-$$$$ *pour Má Pêche* [15] / $-$$ *pour Milk Bar* [16]
15 W. 56th St., entre Fifth Ave. et Sixth Ave., www.momofuku.com

Voir la description du **Momofuku Ssäm Bar**, p. 87.

Bars et boîtes de nuit *(voir carte p. 121)*

Flûte Midtown [20]
205 W. 54th St., entre Seventh Ave. et Broadway, 212-265-5169, www.flutebar.com

Niché dans un immeuble truffé d'anecdotes historiques, le très chic Flûte Midtown dispose de trois petits salons élégants où l'on choisit ses bulles sur une longue liste de quelque 100 champagnes, dont une quinzaine au verre.

Hudson Bar/Library Bar/Sky Terrace [21]
Hudson Hotel, 356 W. 58th St., entre Eighth Ave. et Ninth Ave., 212-554-6217, www.hudsonhotel.com

Avec sa déco ultramoderne, le Hudson Bar est le temple de la sophistication new-yorkaise. Pour un cadre non moins chic mais peut-être un brin plus décontracté, essayez le salon douillet du Library Bar, ou dirigez-vous vers la Sky Terrace pour siroter un cock-

Le Hudson Bar, temple
de la sophistication
new-yorkaise.
© Morgans Hotel Group

tail en admirant une vue plongeante sur le fleuve Hudson.

Salles de spectacle et activités culturelles

(voir carte p. 121)

Le **Theatre District** (voir p. 118) concentre de magnifiques salles de spectacle datant du début du XXe siècle et affichant à grand renfort de néons les titres des comédies musicales les plus populaires du moment.

Plusieurs services de billetterie font le relais entre théâtres et spectateurs – c'est le cas de **Telecharge** *(212-239-6200, www.telecharge. com)* et de **Ticketmaster** *(212-307-4100, www.ticketmaster. com)* –, les prix tournant autour de 100$ selon la popularité ou la période de programmation du spectacle (les matinées offrent généralement des prix plus doux). D'autres options existent pour profiter des spectacles de la ville sans se ruiner. Certains théâtres proposent quelques places à prix réduit le jour même (à acheter sur place). Le célèbre guichet du **TKTS Discount Booth** (voir p. 122) sur Times Square est une autre option, avantageuse et bien organisée.

Carolines on Broadway [24]
1626 Broadway, entre 49th St. et 50th St.,
212-757-4100, www.carolines.com

Le cabaret d'humour le plus réputé de New York.

Carnegie Hall [23]
154 W. 57th St., angle Seventh Ave.,
212-247-7800, www.carnegiehall.org

La grande roue du
magasin de jouets
Toys "R" Us de Times
Square.
© Philippe Renault/hemis.fr

La salle du célèbre **Carnegie Hall** (voir p. 122), qui peut accueillir quelque 3 000 personnes, est reconnue pour son excellente acoustique.

Birdland [22]
315 W. 44th St., entre Eighth Ave. et Ninth Ave., 212-581-3080, www.birdlandjazz.com
Jazz.

The Iridium [28]
1650 Broadway, angle 51st St., 212-582-2121, www.theiridium.com
Jazz.

Madison Square Garden [25]
Seventh Ave., entre 31st St. et 33rd St., 212-465-6741, www.thegarden.com
Rock et musique populaire.

Roseland Ballroom [26]
239 W. 52nd St., entre Broadway et Eighth Ave., 212-247-0200, www.roselandballroom.com
Rock.

Terminal 5 [27]
610 W. 56th St., angle 11th Ave., 212-582-6600, www.terminal5nyc.com
Rock.

Lèche-vitrine

(voir carte p. 121)

Grands magasins

Macy's [30]
151 W. 34th St., entre Broadway et Seventh Ave., 212-695-4400, www.macys.com

On trouve de tout dans le grand magasin Macy's, cette vénérable institution américaine qui a fêté ses 150 ans en 2008. Au fil des ans, elle a notamment donné naissance au traditionnel **Macy's Thanksgiving Day Parade** (voir p. 204).

Comédies télévisées et talk-shows

La ville de New York est la capitale des *talk-shows* américains. Si vous êtes âgé d'au moins 16 ans, vous pourrez peut-être assister à l'enregistrement de ces émissions, en réservant vos billets au moins trois mois à l'avance. Quelques billets de dernière minute sont parfois vendus le jour de l'enregistrement, entre 7h et 9h.

Saturday Night Live
NBC Tickets, 30 Rockefeller Plaza, angle W. 49th St., www.nbc.com

Late Show with David Letterman
1697 Broadway, entre W. 53rd St. et W. 54th St., 212-247-6497 pour des billets de dernière minute (lun-ven à 11h), www.cbs.com

**The Daily Show with Jon Stewart/
The Colbert Report**
513 W. 54th St., 212-586-2477, www.comedycentral.com

Jouets

Disney Store [29]
1540 Broadway, entre 45th St. et Seventh Ave., 212-626-2910, www.disneystore.com

Au Disney Store, vous retrouverez tous les personnages des films de Disney sur des casquettes, t-shirts, serviettes de plage, verres et assiettes, ainsi que sous forme de figurines et de peluches.

Toys "R" Us [31]
1514 Broadway, angle 44th St., 646-366-8800, www5.toysrus.com/timessquare

On emmènera d'abord les enfants au Toys "R" Us de Times Square pour voir le gigantesque T-Rex animé, tout droit sorti de *Jurassic Park*, et la grande roue qui trône au centre du magasin.

Matériel photo, électronique et informatique

Les nombreux commerces installés sur Broadway et sur Seventh Avenue aux abords de Times Square (*42nd St.*) vous réservent d'infinies possibilités au chapitre de l'électronique et de l'informatique.

11

Central Park

À voir, à faire

(voir carte p. 131)

Central Park est le principal poumon de verdure de Manhattan. Par les chaudes journées de juillet, alors que l'on suffoque dans les rues de la ville, cet espace vert ombragé est une bénédiction. Il permet en outre d'obtenir un trop rare dégagement par rapport aux gratte-ciel des quartiers limitrophes. D'intéressantes visites guidées gratuites sont par ailleurs proposées tous les jours par le **Central Park Conservancy** (voir p. 210).

En 1856, les édiles municipaux de New York décident de préserver un grand rectangle de terre de 340 ha situé dans la portion supérieure de l'île de Manhattan afin d'y implanter un vaste espace vert urbain. Cette sage décision allait conduire à la création de Central Park deux ans plus tard. Le parc fut par la suite aménagé sur une période de 20 ans selon les plans de l'architecte paysagiste Frederick Law Olmsted et de l'architecte d'origine britannique Calvert Vaux. Olmsted, considéré comme le père de l'aménagement paysager nord-américain, fut aussi responsable du Prospect Park à Brooklyn et du parc du Mont-Royal à Montréal.

Le circuit de Central Park débute à l'entrée du parc située à l'angle de Central Park South et de Grand Army Plaza.

The Pond ★★ [1]

Une fois franchi le muret de pierres qui isole Central Park de l'intense circulation des artères environnantes, on suit le sentier qui mène vers The Pond à l'ouest. Les tours du Midtown se reflètent dans ce charmant étang tout en méandres à proximité duquel les amoureux se donnent rendez-vous.

Vue à vol d'oiseau de l'immense rectangle de verdure que forme Central Park.
© iStockphoto.com/ Terraxplorer

Central Park

Rouler dans Central Park

Quelques options s'offrent à ceux qui voudraient découvrir Central Park sur deux (ou plusieurs!) roues.

L'entreprise **Central Park Bike Tours** *(deux adresses: 203 W. 58th St., 212-541-8759, www.centralparkbiketours.com)* propose des visites guidées dont le circuit et la thématique varient. La location de bicyclettes est incluse dans le prix des visites. On peut aussi simplement y louer un vélo.

Central Park est devenu le noyau de la culture entourant la pratique du patin à roues alignées, et les débutants comme les experts y étalent volontiers leurs prouesses (ou leur manque d'expérience). La **Central Park Skate Patrol** *(avr à oct; 212-439-1234, www.skatepatrol.org)* constitue la principale ressource du parc. Elle propose des randonnées, des cours de freinage gratuits et des cours de patin, fournit des renseignements sur les circuits et diffuse de l'information sur la sécurité. Pour louer des patins, vous pourrez vous rendre chez **Blades** *(156 W. 72nd St., 212-787-3911, www.blades.com)*, près du parc dans l'Upper West Side.

Central Park

1. Le Pond, à l'entrée sud de Central Park. © Alex Lopez/NYC & Co

À voir, à faire ★

1.	CZ	The Pond
2.	BZ	Trump Wollman Rink
3.	BZ	Dairy Visitor Center
4.	BY	The Mall
5.	BY	Literary Walk
6.	BY	Naumburg Bandshell
7.	BX	Bethesda Fountain & Terrace
8.	BX	The Lake
9.	BX	Loeb Boathouse
10.	AX	Strawberry Fields
11.	BX	Bow Bridge
12.	BX	Ramble
13.	BW	Belvedere Castle / Henry Luce Nature Observatory
14.	BW	Great Lawn
15.	CV	Jacqueline Kennedy Onassis Reservoir
16.	CW	Cleopatra's Needle
17.	CZ	Tisch Children's Zoo
18.	CZ	Central Park Zoo / Delacorte Music Clock

Cafés et restos ●

19.	BW	The Central Park Boathouse Restaurant

Salles de spectacle ◆

20.	CY	Central Park SummerStage

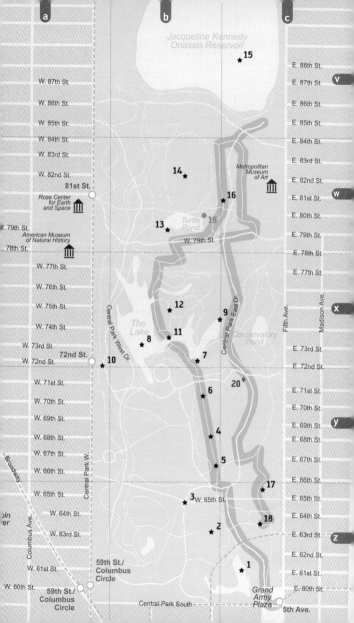

1. La Trump Wollman Rink, la plus grande patinoire de Manhattan.
© Philippe Renault/ hemis.fr

2. Détail de la Bethesda Fountain.
© Dreamstime.com/ Grinerswife

Trump Wollman Rink ★ ★ [2]

10,50$ lun-jeu, 15$ ven-dim, nov à mars lun-mar 10h à 14h30, mer-jeu 10h à 22h, ven-sam 10h à 23h, dim 10h à 21h, entre E. 62nd St. et E. 63rd St., 212-439-6900, www.wollmanskatingrink.com

Un peu plus au nord, la Trump Wollman Rink est la patinoire la plus célèbre (et de loin la plus grande) de Manhattan. En plein cœur de Central Park, cernée par les gratte-ciel de l'Upper East Side, elle offre un cadre magique aux 4 000 patineurs qui défilent quotidiennement sur sa glace.

Dairy Visitor Center [3]

tlj 10h à 17h, angle 65th St., 212-794-6564, www.centralparknyc.org

De retour sur le sentier qui longe la rive est de l'étang, on accède à l'ancienne laiterie (The Dairy) où l'on vendait le lait produit par le troupeau de vaches qui paissait autre-fois dans le parc. Le petit bâtiment néogothique de Calvert Vaux abrite désormais le Dairy Visitor Center, où l'on peut se procurer un plan détaillé du parc.

Franchissez 65th Street Transverse Road pour vous retrouver à l'entrée du Mall, l'allée centrale du parc.

The Mall ★ [4]

La large promenade symétrique du Mall offre l'une des seules perspectives classiques de Central Park et constitue l'un de ses lieux les plus élégants.

Quelques statues de grands personnages du monde littéraire anglo-saxon gardent la partie sud du mail, surnommée **Literary Walk** [5]. On peut ainsi admirer le dramaturge anglais William Shakespeare, le poète écossais Robert Burns et son compatriote, Sir Walter Scott, amateur de légendes médiévales et de chevalerie.

La course du Mall est interrompue à mi-parcours par la **Naumburg Bandshell** [6] *(entre 66th St. et 72nd St.)*, une scène en plein air qui accueille des concerts et spectacles de danse.

Bethesda Fountain & Terrace ★★ [7]
72nd St. Transverse Rd.

À l'extrémité nord du Mall, un escalier donne accès à la Bethesda Fountain & Terrace. Cet ensemble comprend une terrasse pavée et une superbe fontaine en grès sculpté d'Emma Stebbins, *The Angels of the Waters*. La fontaine, restaurée en 2007, tient son nom d'un bassin légendaire de Jérusalem auquel un ange avait octroyé des pouvoirs de guérison si l'on buvait de son eau.

The Lake [8]
entre 71st St. et 78th St.

La Bethesda Fountain donne sur The Lake, dominé au nord-est par la **Loeb Boathouse** ★ [9] *(locations tlj 10h au coucher du soleil; angle E. 72nd St. et Park Drive N., 212-517-2233, www. thecentralparkboathouse.com)*, où il est possible de louer une bicyclette ou une embarcation de plaisance. La Boathouse abrite en outre un restaurant (voir p. 136), auquel s'ajoute une terrasse pendant la belle saison. La promenade en cha-

loupe sur l'étang de Central Park est l'une des activités les plus romantiques qui soient.

Strawberry Fields [10]

À l'ouest de l'étang, près de l'entrée de 72nd Street de Central Park, se trouvent les Strawberry Fields, qui portent le nom d'une belle chanson des Beatles. Ce jardin fleuri a été offert à la Ville de New York par Yoko Ono, en mémoire de John Lennon, son compagnon de vie. S'y trouve aussi une plaque commémorative en mosaïque arborant le mot *Imagine*.

Longez le sentier bordant The Lake sur la droite jusqu'au pont de fer qui l'enjambe. Traversez le pont et suivez les sentiers du Ramble sans jamais perdre de vue l'étang.

Central Park

Bow Bridge ★★ [11]

Le Bow Bridge *(angle 74th St.)* et le Ramble *(de 73rd St. à 79th St.)* comptent parmi les lieux les plus photographiés de Central Park. Le pont de fonte arqué (*bow*), que l'on a vu dans plusieurs films américains, enjambe la partie la plus étroite de l'étang.

Ramble ★★ [12]

Quant au Ramble, il définit un espace étonnamment sauvage constitué de rochers naturels et de bosquets d'arbres et d'arbustes, traversé d'une multitude de sentiers où il est facile de se perdre. C'est un lieu privilégié pour les amateurs d'observation des oiseaux.

Franchissez East 79th Street Transverse Road et dirigez-vous vers le Belvedere Castle.

Belvedere Castle ★★ [13]

Pour une découverte «naturaliste» du parc, direction le **Henry Luce Nature Observatory** *(entrée libre; mar-dim 10h à 17h; 212-772-0210),* aménagé dans le Belvedere Castle, véritable «château de la Belle au bois dormant». De sa terrasse, on bénéficie d'une vue intéressante sur la vaste étendue d'herbe rase du Great Lawn ainsi que sur les immeubles de l'Upper West Side.

Great Lawn ★★★ [14]

mi-avr à mi-nov; de 79th St. à 85th St.

Lorsque l'on habite un petit deux-pièces dans un immeuble de 30

étages, courir au milieu du Great Lawn devient un plaisir jouissif. Un tel espace ouvert fait prendre conscience du luxe inouï que représente le vide dans une ville dense comme New York, mais aussi du niveau élevé de planification urbaine au milieu du désordre apparent. Depuis les années 1960, le Great Lawn a été le théâtre de plusieurs concerts rock qui ont fait date dans l'histoire du spectacle.

Jacqueline Kennedy Onassis Reservoir [15]

de 85th St. à 96th St.

À l'autre extrémité du Great Lawn se trouve le réservoir d'eau potable de Central Park. Longtemps connu sous le nom de «Receiving Reservoir», il a été rebaptisé Jacqueline Kennedy Onassis Reservoir en 1994, à la suite du décès de cette grande

Le Bow Bridge, l'un des lieux les plus photographiés de Central Park.
© Dreamstime.com/Stubblefieldphoto

dame américaine. Le plan d'eau est entouré d'une piste de jogging très populaire auprès des New-Yorkais. Au-delà du réservoir s'étire la moitié nord de Central Park.

Longez la frange sud du Great Lawn en direction de la façade arrière du **Metropolitan Museum of Art** *(voir p. 140), que l'on aperçoit entre les arbres.*

Cleopatra's Needle ★ [16]
angle 81st St.

Avant de rejoindre le chemin qui longe le musée, on fera un bref détour sur la gauche pour voir la Cleopatra's Needle, soit un obélisque égyptien qui faisait autrefois partie d'une paire d'obélisques en granit rose érigés devant un temple égyptien d'Héliopolis (vers 1500 av. J.-C.). Après avoir été déména-

gés à Alexandrie en l'an 12 av. J.-C., puis rebaptisés en l'honneur de Cléopâtre, les deux monuments ont été offerts en cadeau par le gouvernement colonial égyptien: l'un au gouvernement britannique et l'autre à la Ville de New York, qui l'a érigé dans Central Park en 1881.

Empruntez le chemin qui fait le coin arrière du musée, puis tournez à droite dans le sentier qui permet de franchir à nouveau East 79th Street Transverse Road.

Central Park Zoo ★★ [18]
12$, début avr à fin oct lun-ven 10h à 17h, sam-dim 10h à 17h30; début nov à fin mars tlj 10h à 16h30; angle Fifth Ave. et 64th St., 212-439-6500, www.centralparkzoo.com

Avant d'arriver au zoo principal de Central Park, on longe le **Tisch Children's Zoo** [17] *(entre 63rd St. et 66th St.)*, qui plaira à coup sûr

Le Central Park SummerStage, théâtre de nombreux concerts estivals gratuits en plein air. © *Laura Hanifan*

aux jeunes enfants. On y trouve de petits animaux de ferme dont on peut facilement s'approcher.

L'entrée du zoo principal est soulignée par l'amusante **Delacorte Music Clock**, une horloge musicale activée toutes les heures par des animaux automates. Une fois franchie cette porte, on aperçoit, derrière les guichets, de superbes pergolas qui créent de l'ombre sur les passages empruntés par les visiteurs de ce zoo urbain, qui peuvent notamment admirer des ours polaires, des singes et des otaries. Bien que beaucoup plus modeste que le jardin zoologique du Bronx (voir p. 175), le zoo de Central Park offre une option intéressante aux familles grâce à son emplacement, au cœur de Manhattan.

Cafés et restos

(voir carte p. 131)

The Central Park Boathouse Restaurant $$$ [19]
Central Park Lake, angle E. 72nd St. et Park Drive N., 212-517-2233, www.thecentralparkboathouse.com

Ceux qui fuient les pique-niques en plein air de Central Park fileront au Boathouse Restaurant. Salades gargantuesques, délicieux beignets de crabe, plats de fruits de mer, mais surtout un emplacement magique, en surplomb sur le fameux lac de Central Park.

Salles de spectacle et activités culturelles

(voir carte p. 131)

Central Park SummerStage [20]
Rumsey Playfield, Central Park, www.summerstage.org

Tous les étés, ne manquez pas les incroyables concerts gratuits en plein air dans le cadre du Central Park SummerStage. De juin à septembre, le Rumsey Playfield propose de la musique de tous les pays et de tous les styles, des spectacles de danse et des lectures de poésie. Entrez dans le parc par le côté est à l'angle de 69th Street et Fifth Avenue et vous ne pourrez pas manquer le Rumsey Playfield en face de vous sur la route principale.

12

Upper East Side

À voir, à faire

(voir carte p. 139)

Le circuit de l'Upper East Side constitue une agréable promenade dans un des plus élégants et des plus paisibles quartiers de la ville. En remontant Fifth Avenue sur une partie du parcours, vous serez accompagné par Central Park sur la gauche jusqu'à l'orée du célèbre «Museum Mile», où l'on retrouve plusieurs des musées les plus célèbres de New York. Vous pourrez également vous adonner au lèche-vitrine sur Madison Avenue entre 57th Street et 86th Street, où sont concentrées les boutiques de luxe les plus chères de New York.

Le circuit de l'Upper East Side débute à l'angle de Fifth Avenue et de 65th Street.

Temple Emanu-El ★★ [1]

entrée libre; 1 E. 65th St., angle Fifth Ave., 212-744-1400, www.emanuelnyc.org

Le Temple Emanu-El a été érigé en 1929. L'énorme synagogue romano-byzantine, qui peut accueillir 2 500 fidèles, nous rappelle que New York est la plus grande ville juive au monde. Ses beaux vitraux représentent les tables de la Loi.

Frick Collection ★★★ [2]

18$, contribution volontaire dim 11h à 13h; les enfants de moins de 10 ans ne sont pas admis; mar-sam 10h à 18h, dim 11h à 17h; 1 E. 70th St., 212-288-0700, www.frick.org

Ce musée d'art exceptionnel est installé dans l'ancienne résidence du milliardaire Henry Clay Frick. Son «palais» de style néo-Louis XVI est l'une des seules demeures de l'âge d'or de New York encore accessibles au public. Le magnifique patio (Garden Court) que l'on aperçoit au centre de la résidence s'ouvre sur quelques-unes des plus belles salles du

Upper East Side

À voir, à faire ★

1.	AZ	Temple Emanu-El
2.	AY	Frick Collection
3.	AY	Whitney Museum of American Art
4.	AX	Metropolitan Museum of Art
5.	AW	Neue Galerie

6.	AW	Solomon R. Guggenheim Museum
7.	AW	Jewish Museum
8.	AV	Museum of the City of New York
9.	AV	El Museo del Barrio
10.	AV	Conservatory Garden

Cafés et restos ●

11.	AX	Café Sabarsky
12.	AX	E.A.T. Cafe
13.	BY	EJ's Luncheonette
14.	BZ	Maya
15.	AX	Metropolitan Museum of Art / The Cafeteria / Petrie Court Café and Wine Bar

16.	AW	Sarabeth's East
17.	BZ	Serendipity 3
18.	BY	Uva

Bars et boîtes de nuit ☽

19.	AX	Metropolitan Museum of Art / Great Hall Balcony Bar / Roof Garden Café and Martini Bar

Lèche-vitrine ■

20.	AZ	Barneys New York
21.	AZ	Bloomingdale's
22.	AZ	Calvin Klein
23.	AX	Coach

24.	AZ	DKNY
25.	AZ	Giorgio Armani
26.	AZ	Prada
27.	AW	Solomon R. Guggenheim Museum

Hébergement ▲

28.	AW	Hotel Wales
29.	CX	The Gracie Inn

30.	AZ	The Pierre

musée, qui renferment la collection hétéroclite du milliardaire : meubles du XVIIIe siècle, sculptures de la Renaissance italienne, tableaux d'Ingres, Monet, Degas, Rembrandt, Van Dyck et Vermeer…

Tournez à droite dans 75th Street pour vous rendre à Madison Avenue.

Whitney Museum of American Art ★ ★ [3]

18$, contribution volontaire ven 18h à 21h ; mer-jeu et sam-dim 11h à 18h, ven 13h à 21h ; 945 Madison Ave., angle E. 75th St., 212-570-3600, www.whitney.org

Au milieu des boutiques de luxe de Madison Avenue s'élève l'étrange blockhaus de granit du Whitney Museum of American Art, un musée privé consacré à l'art américain du XXe siècle. En dehors des fabuleux «classiques» du début du XXe siècle, ses collections mettent souvent l'accent sur des œuvres décalées, souvent provocantes, faisant écho à la structure bétonnée du bâtiment qui les abrite et qui fut l'objet d'une polémique lors de sa construction en 1966.

Revenez sur vos pas jusqu'à Fifth Avenue, que vous emprunterez en direction nord jusqu'à 81st Street.

Metropolitan Museum of Art ★ ★ ★ [4]

contribution suggérée 20$, incluant l'accès aux **Cloisters** (voir p. 163) le même jour et la visite guidée proposée en 10 langues dont le français ; audioguide 7$; mar-jeu et dim 9h30 à 17h30, ven-sam jusqu'à 21h ; 1000 Fifth Ave., entrées à l'angle des 81st St. et 82nd Sts., 212-535-7710, www.metmuseum.org

Le Metropolitan Museum of Art est l'un des trois plus célèbres musées d'art au monde, avec le Louvre et le British Museum.

Parmi les galeries les plus réputées du musée figurent les salles de l'**Egyptian Art**, qui abritent le temple de Dendur, l'un des trésors architecturaux de l'Égypte ancienne ; **The American Wing**, qui comprend notamment la reconstitution du salon d'une maison conçue par le plus célèbre architecte américain, Frank Lloyd Wright ; les **19th-Century European Paintings and Sculpture Galleries**, qui renferment une fabuleuse collection de peintures et de sculptures européennes du XIXe siècle ; la collection **Greek and Roman Art**, où l'on peut admirer près de 5 300 objets de l'époque classique, parmi lesquels on compte des peintures murales provenant de deux villas romaines érigées sur les flancs du Vésuve, des meubles en bois découverts à Pompéi ainsi que le plus important groupe d'objets antiques en argent et en verre hors de Grèce et d'Italie.

Neue Galerie ★ ★ [5]

15$; jeu-lun 11h à 18h, visites guidées gratuites sam-dim à 14h ; 1048 Fifth Ave., angle 86th St., 212-0628-6200, www.neuegalerie.org

La Neue Galerie est un alliage fort des arts de l'Allemagne et de l'Autriche. Ce très beau musée est aménagé dans l'ancienne résidence de madame Cornelius Vanderbilt, construite en 1914. La collection

Le hall achalandé du Metropolitan Museum of Art. © Dreamstime.com/Ciapix

autrichienne est composée d'œuvres d'Egon Schiele et de Gustav Klimt. Du côté allemand, on admire des œuvres de Max Beckmann et d'Ernst Ludwig Kirchner.

Solomon R. Guggenheim Museum ★★★ [6]

18$; contribution volontaire sam après 17h45; dim-mer et ven 10h à 17h45, sam jusqu'à 19h45; 1071 Fifth Ave., angle 89th St., 212-423-3500, www.guggenheim.org

Dessiné par Frank Lloyd Wright et inauguré en 1959, l'étonnant bâtiment en béton armé du Solomon R. Guggenheim Museum, constitué d'une longue plateforme sur laquelle est posée une structure en spirale, est rapidement devenu l'un des classiques de l'architecture moderne aux États-Unis. Pour jouir au mieux de son architecture, le visiteur doit parcourir le musée Guggenheim du haut vers le bas. Ainsi, il montera par un ascenseur jusqu'au sommet de l'édifice, avant de redescendre en suivant une rampe en colimaçon, ouverte sur le hall d'entrée du musée. La **Thannhauser Collection** rassemble les toiles les plus célèbres du musée, parmi lesquelles on retrouve des œuvres majeures de Picasso, Cézanne, Gauguin, Chagall, Modigliani et Franz Marc.

Jewish Museum ★ [7]

12$; ven-mar 11h à 17h45, jeu 11h à 20h; 1109 Fifth Ave., angle 92nd St., 212-423-3200, www.jewishmuseum.org

Le Jewish Museum loge dans l'ancienne demeure de la famille Warburg, élevée en 1908. L'exposition permanente se penche sur les aspects de l'identité juive à travers des objets provenant du Moyen-Orient et de l'Europe. On y présente également des expositions tempo-

Le Conservatory Garden, qui réunit les traditions des jardins à l'italienne et à la française.
© Dreamstime.com/Harryfn

raires d'œuvres d'artistes juifs et on y organise des concerts et des conférences sur la culture juive.

Museum of the City of New York ★★ [8]

contribution suggérée 10$; mar-dim 10h à 17h; 1220 Fifth Ave., entre E. 103rd St. et E. 104th St., 212-534-1672, www.mcny.org

Le Museum of the City of New York est un formidable outil pour se familiariser avec la ville de New York, son histoire, son développement urbain et sa population. On peut notamment y voir une belle maquette représentant La Nouvelle-Amsterdam en 1660 et des pièces entières récupérées de différentes demeures bourgeoises new-yorkaises aujourd'hui disparues.

El Museo del Barrio ★ [9]

contribution suggérée 9$; mer 11h à 21h, mar-sam 11h à 18h, dim 13h à 17h; 1230 Fifth Ave., angle E. 104th St., 212-831-7272, www.elmuseo.org

Ce «musée du quartier», qui fait le lien entre les prestigieuses institutions du Museum Mile et les habitations plus modestes situées au nord dans Spanish Harlem, met en lumière la culture des Antilles en général et de Puerto Rico en particulier, grâce à des conférences, des expositions d'art et des spectacles.

Conservatory Garden ★★ [10]

tlj 8h à la tombée de la nuit; entre E. 104th St. et E. 106th St., entrée à l'angle de Fifth Ave. et de E. 105th St.

Partie intégrante de Central Park, le Conservatory Garden est un charmant jardin qui réunit les traditions des jardins à l'italienne et à la française. Sa grille d'entrée provient de l'ancienne demeure du roi des chemins de fer américains, Cornelius Vanderbilt II.

Cafés et restos

(voir carte p. 139)

Metropolitan Museum of Art [15]
1000 Fifth Ave., angle 82nd St., 212-535-7710
En plus du New American Wing Café, le Metropolitan Museum of Art renferme deux agréables restaurants. **The Cafeteria ($-$$)**, située au rez-de-chaussée du musée, offre l'un des meilleurs rapports qualité/prix de tous les restaurants new-yorkais. Le **Petrie Court Café and Wine Bar** *($$-$$$; réservations 212-570-3964)*, aménagé dans le Carroll and Milton Petrie European Sculpture Court, propose un menu plus élaboré; ses quelques tables de bistro longent de larges baies vitrées donnant sur Central Park.

EJ's Luncheonette $ [13]
1271 Third Ave., angle 73rd St., 212-472-0600
EJ's Luncheonette est un *diner* sans prétention, bruyant et animé. L'établissement est très populaire pour ses brunchs gargantuesques.

E.A.T. Cafe $$ [12]
1064 Madison Ave., entre 80th St. et 81st St., 212-772-0022, www.elizabar.com
E.A.T. est un café qui apporte une petite touche de décontraction dans le secteur. Parfait pour une pause déjeuner après la visite du Metropolitan Museum of Art, situé à deux pas, ou pour acheter un sandwich, une pâtisserie ou un plat cuisiné à déguster dans Central Park.

Café Sabarsky $$ [11]
Neue Galerie, 1048 Fifth Ave., angle 86th St., 212-288-0665, www.cafesabarsky.com
Plongez dans l'ambiance d'un café viennois du début du siècle dernier en vous offrant un brunch au célèbre café de la Neue Galerie.

Sarabeth's East $$-$$$ [16]
1295 Madison Ave., angle 92nd St., 212-410-7335, www.sarabethseast.com
D'abord connu pour ses confitures et pour les pains de sa boulangerie, Sarabeth's c'est aussi un trio de restaurants (voir p. 113 et 153) renommés pour leurs petits déjeuners. Le midi et le soir, Sarabeth's offre un menu éclectique qui s'inspire de la cuisine californienne.

Serendipity 3 $$-$$$ [17]
225 E. 60th St., entre Second Ave. et Third Ave., 212-838-3531, www.serendipity3.com
Serendipity 3 est un adorable café situé en plein cœur de l'Upper East Side. Le menu comprend de bons plats maison, simples mais toujours inventifs.

Uva $$-$$$ [18]
1486 Second Ave., angle 77th St., 212-472-4552, www.uvawinebar.com
L'Italie dans l'Upper East Side? Direction le bar à vins et restaurant Uva. Au menu: raviolis, risottos ou assiettes de fromages, à déguster avec un bon verre de vin italien.

Vue extraordinaire sur
Central Park depuis
le Roof Garden Café
and Martini Bar du
Metropolitan Museum
of Art.
© Gillian Crosson

Maya $$$ [14]
1191 First Ave., entre 64th St. et 65th St.,
212-585-1818, www.modernmexican.com

Ce restaurant mexicain «haut de
gamme» sert des classiques de la
cuisine du pays de Diego et Frida,
mais également des créations ori-
ginales, concoctées par son célèbre
chef, Richard Sandoval.

Bars et boîtes
de nuit *(voir carte p. 139)*

Metropolitan Museum of Art
[19]
1000 Fifth Ave., angle 81st St., 212-535-7710

On trouve deux bars très agréables
dans le Metropolitan Museum of
Art: le **Great Hall Balcony Bar**
(niveau 2), qui surplombe le majes-
tueux hall du musée, et le **Roof
Garden Café and Martini Bar**
*(mai à oct par beau temps seule-
ment; accès par l'ascenseur situé
à droite des salles d'art moderne)*,
aménagé au milieu d'un jardin de
sculptures sur le toit. De là, les vues
sur Central Park et sur les gratte-
ciel environnants sont extraordinai-
res.

Lèche-vitrine
(voir carte p. 139)

Grands magasins

Barneys New York [20]
660 Madison Ave., angle 61st St.,
212-826-8900, www.barneys.com

Temple de la «branchitude» new-
yorkaise, Barneys se détache de ses
concurrents Bergdorf Goodman,
Bloomingdale's et autres Macy's
en mettant l'accent sur les jeunes
créateurs.

Bloomingdale's [21]
1000 Third Ave., angle 59th St., 212-705-2000, www.bloomingdales.com

Contrairement à ce que l'on pourrait croire, le grand magasin Bloomingdale's, situé à l'orée du chic quartier de l'Upper East Side, propose surtout des produits de moyenne gamme à des prix relativement abordables.

Librairies

Solomon R. Guggenheim Museum [27]
1071 Fifth Ave., angle 89th St., 212-423-3500, www.guggenheim.org

La boutique du Solomon R. Guggenheim Museum offre une bonne sélection de livres d'art moderne et contemporain, ainsi qu'une gamme unique de cadeaux, d'objets d'art et de bijoux contemporains.

Vêtements et accessoires

Calvin Klein [22]
654 Madison Ave., entre 60th St. et 61st St., 212-292-9000, www.calvinklein.com

Dans l'antre de Calvin Klein, vous trouverez de tout, que ce soit des pulls, des pantalons ou, évidemment, des jeans.

DKNY [24]
655 Madison Ave., angle E. 60th St., 212-223-3569, www.dkny.com

Pour hommes et femmes, cette immense boutique de Madison Avenue présente les dernières créations de la styliste new-yorkaise Donna Karan.

Giorgio Armani [25]
760 Madison Ave., angle 65th St., 212-988-9191, www.giorgioarmani.com

La luxuriance des couleurs étincelantes qu'utilise Giorgio Armani est mise en valeur dans cette boutique de Madison Avenue où le design et les matériaux employés en feront languir plus d'un.

Prada [26]
45 E. 57th St., angle Madison Ave., 212-308-2332; 841 Madison Ave., angle 70th St., 212-327-4200; www.prada.com

Renommée dans les hauts cercles de la mode, Miuccia Prada continue toujours à repousser plus loin les frontières de l'esthétique vestimentaire.

Coach [23]
35 E. 85th St., angle Madison Ave., 212-879-9391, www.coach.com

Coach est une marque de maroquinerie de luxe extrêmement courue aux États-Unis. Son style se décline : sacs à main, chaussures, ceintures, agendas, porte-monnaie, porte-documents, etc.

Upper East Side

13

Upper West Side

À voir, à faire

(voir carte p. 151)

Quartier bourgeois, résidentiel mais plus décontracté que son concurrent direct à l'est de Central Park, l'Upper West Side est habité par les artistes du théâtre et de la télévision, les chanteurs, les danseurs, les humoristes et les musiciens new-yorkais. L'un des plus sympathiques quartiers de Manhattan, l'Upper West Side fera aussi le plaisir des amateurs d'architecture, car l'on y trouve certains des plus beaux immeubles d'habitation de New York.

Le circuit de l'Upper West Side débute en bordure du Columbus Circle, au sud-ouest de Central Park.

Columbus Circle [1]

Broadway croise Eighth Avenue dans l'angle sud-ouest de Central Park. Les planificateurs ont créé à cet endroit un vaste rond-point baptisé Columbus Circle en l'honneur du «découvreur» de l'Amérique, Christophe Colomb (Christopher Columbus, en anglais). Sa statue trône au sommet d'une colonne plantée au milieu du carrefour.

Time Warner Center [2]
10 Columbus Circle

Le bâtiment emblématique de Columbus Circle est le Time Warner Center. Les premiers étages de ce gigantesque complexe abritent **The Shops at Columbus Circle** *(www.shopsatcolumbuscircle.com)*. Cette galerie marchande de luxe accueille boutiques, cafés et autres restaurants chics, mais aussi quelques commerces plus abordables, comme cette énorme succursale des célèbres magasins d'alimentation biologique **Whole Foods Market** (voir p. 98). Depuis les étages

Le vaste rond-point baptisé Columbus Circle en l'honneur de Christophe Colomb.
© Alex Lopez/NYC & Co

supérieurs de la galerie marchande, on peut profiter d'une magnifique vue sur Columbus Circle et Central Park. Les activités reliées au jazz du Lincoln Center *(Jazz at Lincoln Center Box Office, angle Broadway et 60th St., 212-721-6500, www. jalc.org)* ont également élu domicile dans la très belle salle de spectacle du Time Warner Center, le Frederick P. Rose Hall.

Museum of Arts and Design ★ [3]

15$; mar-dim 11h à 18h, jeu jusqu'à 21h;
2 Columbus Circle, 212-299-7777,
www.madmuseum.org

Au sud du carrefour, on découvre le magnifique édifice du Museum of Arts and Design, consacré à l'artisanat américain du XXᵉ siècle. Les milliers de pièces de créateurs contemporains qu'on y expose touchent à la fois à l'artisanat, aux arts décoratifs et au design. Les techniques et les matériaux utilisés sont fort différents de l'art traditionnel, créant un espace muséal étonnant qui force le visiteur à redéfinir ses repères liés aux champs de la création et de l'esthétisme.

Empruntez Broadway vers le nord en direction du Lincoln Center.

Lincoln Center ★★ [4]

15$; visites guidées du complexe tlj entre 10h30 et 16h30; à l'ouest de Columbus Ave. et de Broadway, entre W. 62nd St. et W. 65th St., 212-875-5350, www.lincolncenter.org

Érigé à la même époque que la Place des Arts de Montréal, dans les années 1960, le Lincoln Center présente un plan architectural similaire, sauf qu'il est de forme carrée plutôt qu'arrondie. Ce complexe culturel, typique des *sixties*, comprend quatre salles de spectacle (voir p. 154)

regroupées en *U* autour d'une place en béton ornée d'une fontaine. Le **Damrosh Park** [5] fournit un peu de verdure à cet ensemble très «béton». De la fin juillet à la mi-août, on présente dans les différents espaces extérieurs du Lincoln Center des concerts gratuits d'artistes réputés, dans le cadre du **Lincoln Center Out of Doors Festival** (voir p. 203).

Empruntez Columbus Avenue, puis tournez à droite dans West 70th Street pour rejoindre Central Park West. Longez le parc en direction nord afin de bénéficier d'une meilleure vue sur les édifices qui bordent le flanc ouest de l'avenue.

Majestic Apartments ★ [6]
115 Central Park W., entre 71st St., et 72nd St.

Les Majestic Apartments, construits en 1930, constituent un bel exemple de ces immeubles de Central Park West surmontés de deux hautes tours jumelles, dans lesquelles on retrouve un ou deux appartements par étage.

Dakota Apartments ★★ [7]
1 W. 72nd St., angle Central Park W.

Les Dakota Apartments sont considérés comme un lieu de pèlerinage incontournable par les amateurs de musique rock, puisque c'est devant son entrée principale qu'a été assassiné le chanteur et compositeur John Lennon en 1980. L'ancien Beatles habitait alors un des immenses appartements de cet immeuble, premier édifice du genre érigé au nord de 59th Street. Les fans de Lennon voudront sans doute aller visiter les **Strawberry Fields** (voir p. 133), situés tout près dans Central Park.

San Remo Apartments ★ [8]
145-146 Central Park W.

À l'angle de West 74th Street se dressent les San Remo Apartments, qui datent de 1930. Les petits temples circulaires pointant vers le ciel, au sommet des tours, dissimulent des châteaux d'eau qui permettaient l'alimentation en eau potable des appartements situés aux étages supérieurs.

New-York Historical Society ★ [9]
12$, contribution volontaire ven 18h à 20h; mar-sam 10h à 18h, ven jusqu'à 20h, dim 11h à 17h45; 170 Central Park W., 212-873-3400, www.nyhistory.org

À la fois société historique, bibliothèque, boutique et musée, la New-York Historical Society présente plusieurs expositions temporaires chaque année ainsi que des conférences données par des journalistes ou essayistes. Parmi les trésors de la collection permanente du musée figure le contrat de vente de la Louisiane signé de la main de Napoléon Ier. Au moment de notre passage, le musée subissait des travaux de rénovation qui devraient se terminer à la fin 2011.

American Museum of Natural History ★★★ [10]
contribution suggérée 16$ incluant l'accès au Rose Center for Earth and Space; tlj 10h à 17h45; Central Park W., de W. 77th St. à W. 81st St., entrée principale par W. 79th St., angle Central Park W., 212-769-5100, www.amnh.org

Musée «à la Indiana Jones» où sont rassemblés des objets et des ani-

1. Les chics immeubles d'appartements qui bordent Central Park dans l'Upper West Side. © iStockphoto.com/Andrea Raia

2. L'American Museum of Natural History, où sont rassemblés des objets et des animaux des quatre coins du monde. © Philippe Renault/hemis.fr

maux des quatre coins de la terre, l'American Museum of Natural History est un véritable paradis pour les enfants.

Dans la **David H. Koch Dinosaur Wing**, qui abrite l'exposition permanente la plus populaire du musée et la plus grande du genre au monde, se trouvent d'imposants squelettes de dinosaures dont la vedette incontestée est un terrifiant spécimen de tyrannosaure. Dans le **Milstein Hall of Ocean Life** (consacré à la vie marine), l'autre star du musée est une baleine bleue de plus de 30 m de longueur, littéralement suspendue dans les airs. Les autres sections à ne pas manquer sont le **Hall of Minerals** (salle des minéraux), le **Hall of Gems** (salle des pierres précieuses), où l'on peut notamment admirer le plus gros

À voir, à faire ★

1.	BZ	Columbus Circle
2.	BZ	Time Warner Center / The Shops at Columbus Circle
3.	BZ	Museum of Arts and Design
4.	AY	Lincoln Center
5.	AZ	Damrosh Park
6.	BX	Majestic Apartments
7.	BX	Dakota Apartments
8.	BX	San Remo Apartments
9.	BW	New-York Historical Society
10.	BW	American Museum of Natural History
11.	BW	Rose Center for Earth and Space / Hayden Planetarium
12.	AV	Children's Museum of Manhattan

Cafés et restos ⬤

13.	AX	Alice's Tea Cup
14.	AV	Barney Greengrass
15.	AV	Celeste
16.	BW	Isabella's
17.	AX	Josie's
18.	BY	La Boite en Bois
19.	AW	Nice Matin
20.	AV	Sarabeth's West

Bars et boîtes de nuit ☽

21.	AV	Abbey Pub
22.	AV	Jake's Dilemma
23.	BX	Shalel Lounge

Salles de spectacle ◆

24.	AX	Beacon Theatre
25.	BZ	Jazz at Lincoln Center
26.	AY	Lincoln Center

Lèche-vitrine ■

27.	BX	Betsey Johnson
28.	BZ	Face Stockholm
29.	AW	Filene's Basement
30.	BW	GreenFlea
31.	AW	Zabar's

Hébergement ▲

32.	AW	Hotel Beacon
33.	AW	The Lucerne Hotel

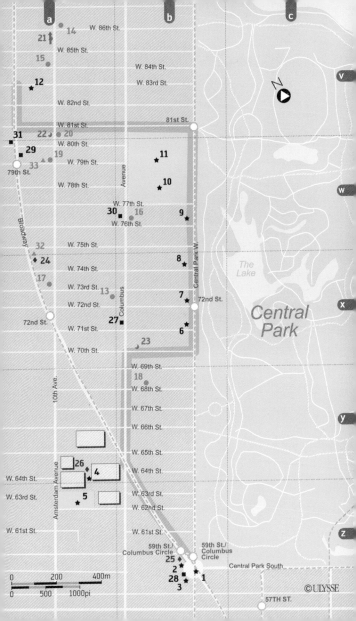

Le Rose Center for Earth and Space, qui abrite le Hayden Planetarium ainsi que plusieurs salles d'exposition.
© Philippe Renault/hemis.fr

saphir du monde, baptisé *Star of India*, d'un poids total de 563 carats, et le **Butterfly Conservatory**, jardin d'hiver (intérieur) où, d'octobre à mai, un spectacle multicolore met en vedette 500 papillons du monde entier.

Rose Center for Earth and Space ★★ [11]

contribution suggérée 16$, incluant l'accès à l'American Museum of Natural History; durée des spectacles 40 min; tlj 10h à 17h45; au nord du musée: W. 81st St., 212-769-5100, www.amnh.org/rose

Spectaculaire cube vitré, le Rose Center for Earth and Space abrite le *nec plus ultra* des planétariums, le **Hayden Planetarium** *(24$, incluant l'accès au musée et aux salles d'exposition du Rose Center for Earth and Space; durée des spectacles 40 min; tlj 10h30 à 16h30)*, une sphère de 25 m de circonférence.

De concert avec la NASA, le Hayden Planetarium a créé une galaxie numérique d'un réalisme saisissant. Il est doté de plusieurs projecteurs vidéo haute définition assistés par ordinateur et munis de fibre optique, qui donnent l'impression aux visiteurs d'explorer les moindres recoins de l'espace. Le Rose Center for Earth and Space comporte plusieurs autres salles d'exposition fascinantes consacrées à l'exploration de la Terre et aux mystères de l'espace.

Tournez à gauche dans West 81st Street. Traversez Columbus Avenue puis Amsterdam Avenue pour rejoindre Broadway.

Children's Museum of Manhattan [12]

10$; mar-ven et dim 10h à 17h, sam 10h à 19h; 212 W. 83rd St., entre Amsterdam Ave. et Broadway, 212-721-1223, www.cmom.org

Le Children's Museum of Manhattan est conçu expressément pour les enfants âgés de 1 à 7 ans. Les bambins peuvent y créer de beaux dessins, partir à la recherche de *Dora*, participer à un spectacle de marionnettes, et bien plus encore.

Cafés et restos

(voir carte p. 151)

Alice's Tea Cup $ [13]

102 W. 73rd St., angle Columbus Ave., 212-799-3006, www.alicesteacup.com

Un comptoir de pâtisseries aux couleurs multicolores accueille les clients à l'entrée de ce mignon petit café. Au menu : tartines au saumon, croque-madame, scones pour le thé, quelques plats spécialement concoctés pour les enfants et un brunch couru les fins de semaine.

Celeste $-$$ [15]
502 Amsterdam Ave., entre 84th St. et 85th St., 212-874-4559

Véritable cantine italienne du quartier, Celeste séduit les clients par son accueil chaleureux, ses plats généreux et son ambiance toujours animée.

Barney Greengrass $$ [14]
541 Amsterdam Ave., entre 86th St. et 87th St., 212-724-4707, www.barneygreengrass.com

Ouvert depuis 1908, le très couru Barney Greengrass sert tous les classiques habituels des *delicatessens*, à un prix relativement élevé, mais les portions sont gargantuesques. Particulièrement reconnu pour ses petits déjeuners nourrissants.

Josie's $$-$$$ [17]
300 Amsterdam Ave., angle 74th St., 212-769-1212, www.josiesnyc.com

Chez Josie's, tout ce qui est servi est de culture biologique : du poulet au poisson, en passant par les légumes et la farine. Au menu, entre autres : *stir fry* au poulet teriyaki, *dumplings* aux crevettes et hamburger « 100% naturel ».

Sarabeth's West $$-$$$ [20]
423 Amsterdam Ave., entre 80th St. et 81st St., 212-496-6280, www.sarabethswest.com

Voir la description p. 143.

Isabella's $$$ [16]
359 Columbus Ave., angle 77th St., 212-724-2100

La terrasse d'Isabella's ne désemplit pas pendant les chauds mois d'été. On y sert des plats de pâtes et des grillades de poulet et de veau apprêtées à l'italienne. Le brunch du dimanche est également très populaire.

Nice Matin $$$ [19]
201 W. 79th St., angle Amsterdam Ave., 212-873-6423, www.nicematinnyc.com

Très bonne table de l'Upper West Side, Nice Matin propose des spécialités françaises et belges à la carte dans une sympathique salle de style brasserie parisienne.

La Boite en Bois $$$-$$$$ [18]
75 W. 68th St., angle Columbus, 212-874-2705, www.laboitenyc.com

Petit restaurant fort accueillant de l'Upper West Side, La Boite en Bois fait le plein d'habitués pour le brunch, le déjeuner et le dîner avec ses menus à prix fixe qui affichent les classiques de l'Hexagone.

Bars et boîtes de nuit *(voir carte p. 151)*

Abbey Pub [21]
237 W. 105th St., entre Broadway et Amsterdam Ave., 212-222-8713

Petit bar de quartier sympathique, l'Abbey Pub fidélise nombre d'étudiants diplômés de l'université Columbia, située tout près.

Upper West Side

Jake's Dilemma [22]

430 Amsterdam Ave., entre 80th St. et 81st St., 212-580-0556, www.nycbestbar.com/jakes

Le nom du bar Jake's Dilemma évoque le grand choix de bouteilles de bière proposées au comptoir. Jeux de fléchettes, table de billard et téléviseur qui diffuse les nouvelles du sport.

Shalel Lounge [23]

65 W. 70th St, entre Columbus Ave. et Central Park W., 212-873-2300

Bar, *lounge* et restaurant, Shalel ajoute une pointe d'exotisme à l'Upper West Side. Transporté dans un lointain café marocain par son décor, on y déguste quelques cocktails aux noms «sucrés», sur fond de musique orientale.

Salles de spectacle et activités culturelles

(voir carte p. 151)

Lincoln Center [26]

de W. 62nd St. à W. 65th St., entre Columbus Ave. et Amsterdam Ave., 212-875-5350, www.lincolncenter.org

Le complexe du Lincoln Center comprend plusieurs salles de spectacle réputées. Le **Metropolitan Opera House** ou **Met** *(212-362-6000, www.metopera.org)* est une salle où se produisent les plus grands noms de l'opéra classique et du ballet. Le **David H. Koch Theater** talonne son concurrent direct qu'est le Met depuis quelques années grâce à des productions innovantes du **New York City Opera** *(212-870-5570, www.nycopera.com)* et du **New York City Ballet** *(212-870-5570, www.nycballet.com)*. Enfin, citons l'**Alice Tully Hall**, maison mère de la **Chamber Music Society of Lincoln Center** *(212-875-5050, www.chambermusicsociety.org)*, et l'**Avery Fisher Hall**, hôte du **New York Philharmonic** *(212-875-5030, www.nyphil.org)*.

Jazz at Lincoln Center [25]

Time Warner Center, Broadway, angle 60th St., 212-721-6500, www.jazzatlincolncenter.com

Jazz.

Beacon Theatre [24]

2124 Broadway, entre W. 74th St. et W. 75th St., 212-465-6500, www.beacontheatrenyc.com

Rock et pop.

Lèche-vitrine

(voir carte p. 151)

Alimentation

Zabar's [31]

2245 Broadway, angle 80th St., 212-787-2000, www.zabars.com

Chez Zabar's, on trouve de tout : des mets préparés à emporter aux spécialités juives, en passant par les fromages importés et les articles de cuisine en inox. Voilà pourquoi les résidents du quartier s'y bousculent les fins de semaine.

Le Metropolitan Opera House, l'un des bâtiments du prestigieux complexe culturel qu'est le Lincoln Center.
© Dreamstime.com/Sepavo

Upper West Side

Marchés aux puces

GreenFlea [30]
Colombus Ave., entre 76th St. et 77th St.,
www.greenfleamarkets.com

Dans ce marché aux puces situé à deux pas de l'American Museum of Natural History, on vend un incroyable éventail d'antiquités, de meubles, d'affiches, etc., le tout à prix d'aubaine. Ouvert les dimanches de 10h à 17h45.

Produits de beauté

Face Stockholm [28]
The Shops at Columbus Circle,
10 Columbus Circle, 212-823-9415,
www.facestockholm.com

Une grande sélection de produits de maquillage pour cette marque suédoise, et surtout des conseils prodigués par de vrais professionnels.

Vêtements et accessoires

Betsey Johnson [27]
248 Columbus Ave., 212-362-3364,
www.betseyjohnson.com

Reconnue surtout pour ses robes, Betsey Johnson propose des vêtements avec une touche légère de décadence qui fait craquer les New-Yorkaises.

Filene's Basement [29]
2222 et 2228 Broadway, angle 79th St.,
212-873-8000, www.filenesbasement.com

Le concept du Filene's Basement est unique : plus un article reste longtemps en rayon, plus son prix baisse. On peut donc y trouver des vêtements créés par des designers dont le prix initial peut être réduit de 60%.

14 ↘

Le nord de Manhattan

À voir, à faire

(voir carte p. 161)

Les quartiers des «Heights» s'étirent sur les hauteurs de la pointe nord de Manhattan, au nord de Central Park, là où la rivière Harlem rejoint le fleuve Hudson: Morningside Heights, situé entre 110th Street et 125th Street, Hamilton Heights, qui s'étend jusqu'à 145th Street, et Washington Heights, qui borde le Fort Tryon Park.

Nombre des grandes institutions muséales, religieuses et universitaires de New York sont regroupées dans les Heights. Parmi ces dernières, il faut mentionner la Columbia University, membre de la prestigieuse Ivy League, dont le campus anime l'ensemble du quartier de Morningside.

En parcourant le présent circuit, vous pourrez également découvrir Harlem, le plus célèbre quartier afro-américain des États-Unis. Aujourd'hui, Harlem est d'abord et avant tout un quartier de petits commerces et de *brownstones* habitées par des familles de la classe moyenne, entre lesquels pointent les clochers des églises néogothiques.

Ce circuit débute à l'angle de West 112th Street et d'Amsterdam Avenue. Les distances étant grandes entre les différents attraits de ce circuit, nous vous conseillons de prévoir suffisamment de monnaie ou de recharger votre carte de transport de la MTA pour effectuer certains déplacements en autobus.

Cathedral Church of St. John The Divine ★★★ [1]

tlj 7h à 18h, visites guidées 6$ mar-sam à 11h et 13h, dim à 13h; 1047 Amsterdam Ave., 212-316-7540, www.stjohndivine.org

Le quartier de Morningside Heights, qui abrite la Columbia University. © Jake Hall

La masse gothico-romane de la Cathedral Church of St. John The Divine s'élève sur Amsterdam Avenue, dans le quartier de Washington Heights. La particularité de cette cathédrale épiscopalienne tient à ces échafaudages désormais familiers des résidents du quartier : sa construction fut entreprise en 1892, mais la belle St. John n'est toujours pas achevée. Pourtant un record est sur le point d'être atteint : les travaux une fois terminés, elle devrait en effet devenir la plus grande cathédrale gothique du monde.

À la sortie, poursuivez en direction nord sur Amsterdam Avenue. Tournez à gauche dans West 116th Street, qui devient ici une voie piétonne, appelée également «College Walk», afin de pénétrer dans le campus principal de Columbia University, qui s'étire de 114th Street jusqu'à 121st Street.

Columbia University ★ ★ [2]
visites guidées gratuites lun-ven à 13h;
Visitors Center, 213 Low Library, 212-854-4900, www.columbia.edu

Cette institution privée est l'un des fleurons de l'enseignement supérieur aux États-Unis. Afin de se démarquer d'autres campus universitaires américains de l'époque, modelés pour la plupart sur ceux des universités médiévales de Cambridge et d'Oxford, en Angleterre, la direction de l'université Columbia a plutôt opté pour un plan Beaux-Arts, où dominent les axes et les perspectives.

Le campus s'organise autour de la **Low Memorial Library**, coiffée d'un dôme à la manière du Panthéon de Rome et précédée d'une

Le nord de Manhattan

belle **statue de l'Alma Mater**, qui symbolise à la fois le savoir et l'appartenance.

Sur sa droite, on aperçoit le dôme de brique de la **St. Paul's Chapel** (1907), dont l'intérieur est presque entièrement revêtu de «tuiles» Guastavino. Son acoustique est appréciée des mélomanes lors des nombreux concerts qui y sont donnés chaque année d'octobre à avril. Parmi les bâtiments qui se sont ajoutés plus récemment au campus, mentionnons l'**Avery Library** *(au nord de la St. Paul's Chapel)*, qui regroupe la plus importante collection de livres d'architecture en Amérique.

Quittez le campus de l'université par 116th Street, que vous emprunterez vers l'ouest pour rejoindre Riverside Drive.

Riverside Park ★★ [3]

en bordure du fleuve Hudson, de W. 72nd St. à W. 125th St.

Long de 6 km, ce verdoyant parc linéaire a été aménagé entre 1888 et 1910 par Frederick Law Olmsted pour permettre aux gens de toutes les couches de la société de s'offrir une journée au grand air. Il renferme des saillies rocheuses qui s'avancent jusque dans le fleuve Hudson, et est émaillé de bosquets d'ormes matures qui prodiguent une ombre fort appréciée par les chaudes journées d'été.

Pénétrez dans le parc et empruntez-en les sentiers jusqu'à West 122nd Street.

General Grant National Memorial ★ [4]

entrée libre; tlj 9h à 17h; Riverside Park, au nord de W. 122nd St., 212-666-1640, www.nps.gov/gegr

Le Riverside Park est ponctué de beaux monuments. Le plus imposant d'entre eux est sans contredit le General Grant National Memorial, qui abrite les tombes du général Ulysses Grant, grand vainqueur de la guerre de Sécession, et de son épouse.

Son mausolée, conçu pour évoquer le tombeau de Mausole, l'une des Sept Merveilles du monde de l'Antiquité, est entièrement revêtu de marbre blanc. À l'intérieur, on peut voir les étonnants gisants de porphyre noir

1. Le Riverside Park, verdoyant parc linéaire aménagé par Frederick Law Olmsted.
© iStockphoto.com/ Terroxplorer

2. Le General Grant National Memorial, qui abrite les tombes du général Ulysses Grant et de son épouse.
© iStockphoto.com/ zoneone

Le nord de Manhattan

de Grant et de sa femme. À l'étage, des admirateurs du général ont installé une petite exposition d'objets liés à la guerre de Sécession.

Riverside Church ★ ★ [5]
visites guidées gratuites dim à 12h15,
490 Riverside Dr., 212-870-6700,
www.theriversidechurchny.org

En ressortant du mausolée, on bénéficie d'une vue exceptionnelle sur la Riverside Church. Conçue dans un style néogothique tardif (1930), l'église s'apparente à un gratte-ciel moderne avec sa structure d'acier, camouflée par un décor de pierre, et sa tour-clocher qui totalise 21 étages.

Si vous désirez faire un détour par le quartier de Harlem, quittez le parc par 122nd Street et tournez à gauche dans Broadway puis à droite dans 125th Street, que vous suivrez jusqu'à Seventh Avenue. Comptez une vingtaine de minutes pour effectuer ce parcours à pied.

Harlem ★
Au cours des années 1920, Harlem s'affirme comme le creuset de la culture afro-américaine. Les Blancs du Midtown se pressent dans ses théâtres et ses cabarets pour entendre les premiers airs de jazz. Toutefois, à partir de 1960, Harlem devient gris et triste. Le chômage endémique et l'omniprésence des revendeurs de drogue entachent la réputation du quartier. Depuis 1980, on assiste cependant à une renaissance de Harlem, qui attire maintenant une certaine classe moyenne qui cherche à échapper à l'augmentation fulgurante du prix des loyers dans les autres quartiers de Manhattan.

Le nord de Manhattan

À voir, à faire ★

1.	BZ	Cathedral Church of St. John The Divine
2.	BZ	Columbia University / Low Memorial Library / Statue de l'Alma Mater / St. Paul's Chapel / Avery Library
3.	BZ	Riverside Park
4.	BZ	General Grant National Memorial
5.	BZ	Riverside Church
6.	CZ	Studio Museum in Harlem
7.	BY	Apollo Theater
8.	CY	Abyssinian Baptist Church
9.	CY	Strivers' Row / St. Nicholas Historic District
10.	BX	The Hispanic Society of America
11.	AV	The Cloisters
12.	BV	Fort Tryon Park

Cafés et restos ●

13.	CZ	Amy Ruth's
14.	BZ	Dinosaur Bar-B-Que
15.	BZ	Max Soha
16.	CZ	Sylvia's

Salles de spectacle ♦

17.	BZ	Apollo Theater
18.	CZ	Lenox Lounge

Hébergement ▲

19.	CZ	Harlem Flophouse

Studio Museum in Harlem ★
[6]

*contribution suggérée 7$, entrée libre dim;
jeu-ven 12h à 21h, sam 10h à 18h, dim 12h à
18h;* 144 W. 125th St., entre Lenox Ave. et
Adam Clayton Powell Jr. Blvd./Seventh Ave.,
212-864-4500, www.studiomuseum.org

Le Studio Museum in Harlem est un
petit musée consacré à l'art afro-
américain. Premier «musée noir»
du pays lorsqu'il ouvrit ses portes
en 1968, il expose aujourd'hui les
artistes afro-américains les plus en
vogue du pays.

Apollo Theater ★ [7]

*visites guidées 16$ lun-ven, 18$ sam-dim, lun,
mar, jeu et ven à 11h, 13h et 15h, mer à 11h,
sam-dim à 11h et 13h;* 253 W. 125th St./Martin
Luther King Jr. Blvd., entre Adam Clayton
Powell Jr. Blvd./Seventh Ave. et Frederick
Douglass Blvd./Eighth Ave., 212-531-5300,
www.apollotheater.org

Plus à l'ouest se trouve le célèbre Apollo Theater, où se sont fait
connaître les plus grands noms du
jazz américain, tels Count Basie,
Ella Fitzgerald et Duke Ellington.
À l'époque où les artistes noirs
étaient bannis d'autres salles de
spectacle des États-Unis, l'Apollo
a joué un rôle de catalyseur culturel pour la communauté afro-américaine. Un bon moment pour visiter
le théâtre: l'*Apollo Amateur Night*
du mercredi soir, alors que c'est le
public qui juge la performance des
amateurs qui demeurent en scène
en fonction de leurs huées ou de
leurs applaudissements.

*Afin d'explorer plus à fond le quar-
tier de Harlem, prenez à gauche
Malcolm X Boulevard. Longez cette
artère sur 12 quadrilatères, jusqu'à
West 138th Street.*

Abyssinian Baptist Church ★
[8]

132 Odell Clark Place/W. 138th St., entre
Adam Clayton Powell Jr./Seventh Ave. et
Malcolm X Blvd./Lenox Ave., 212-862-7474,
www.abyssinian.org

L'Abyssinian Baptist Church a joué
un rôle important dans le proces-
sus d'émancipation des Afro-Américains au cours des années 1940
et 1950. L'église néogothique,
construite en 1923, abrite la plus
ancienne paroisse afro-américaine
de la métropole américaine, fondée dès 1808. Pour éprouver un
sentiment de dépaysement total, il
faut se rendre à la messe du dimanche *(11h)* pour entendre les *gospels*
(chants chorals) et les *preachers*
(prédicateurs).

Strivers' Row/St. Nicholas
Historic District ★ [9]

W. 139th St., entre Adam Clayton Powell Jr. et
Frederick Douglass Blvd.

Au nord-ouest de l'église s'étend
la Strivers' Row, également connue
sous le nom de St. Nicholas Historic District. Cette enclave victo-
rienne, autrefois aisée, comporte
de belles demeures érigées entre
1889 et 1891. Nombre de ces maisons ont été restaurées ces dernières années.

Dirigez-vous vers l'ouest par West 139th Street. Tournez à droite dans St. Nicholas Avenue puis à gauche dans West 155th Street pour rejoindre l'Audubon Terrace, qui forme une cour ouverte sur Broadway entre 155th Street et 156th Street.

The Hispanic Society of America ★ ★ [10]

entrée libre; mar-sam 10h à 16h30, dim 13h à 16h, visites guidées sam à 14h; 613 W. 155th St., Audubon Terrace, Broadway entre 155th St. et 156th St., 212-926-2234, www.hispanicsociety.org

Au fond de la cour se trouve The Hispanic Society of America, aménagée dans un lourd «palais» Beaux-Arts construit en 1908. Il s'agit là d'un musée d'art espagnol et portugais regroupant la collection de toiles, de sculptures et de meubles rassemblée au début du XXe siècle par le magnat des chemins de fer Archer M. Huntingdon.

Refaites le chemin en sens inverse pour vous rendre à Broadway. Prenez l'autobus M4 en direction nord, afin de poursuivre le circuit vers The Cloisters. Descendez au dernier arrêt du trajet, devant le Fort Tryon Park. En métro, vous pourrez prendre la ligne A jusqu'à la 190th Street Station.

The Cloisters ★ ★ ★ [11]

contribution suggérée 20$, incluant l'entrée au Metropolitan Museum of Art le même jour; mars à oct mar-dim 9h30 à 17h15, nov à fév mar-dim 9h30 à 16h45; 212-923-3700, www.metmuseum.org

Situé au point le plus élevé du très beau **Fort Tryon Park ★ ★** [12], The Cloisters est un fabuleux musée

The Cloisters, fabuleux musée d'art médiéval constitué d'authentiques cloîtres et chapelles importés d'Europe.
© iStockphoto.com/Jim Lopes

composé de cloîtres et de chapelles authentiques importés d'Europe pierre par pierre, et reconstruits sur les lieux à partir de 1934. Ces précieux bâtiments servent d'écrin à l'exceptionnelle collection d'art médiéval du **Metropolitan Museum of Art** (voir p. 140), dont l'édifice principal est situé sur Fifth Avenue. Cette collection est particulièrement renommée pour ses tapisseries, parmi les plus importantes du monde.

Cafés et restos

(voir carte p. 161)

Max Soha $$ [15]

1274 Amsterdam Ave., angle 123rd St., 212-531-2221, www.maxsoha.com

Les plats de cette minuscule trattoria (entre autres, gnocchis, riga-

Le nord de Manhattan

Le Malcolm X Boulevard, artère emblématique de Harlem.
© iStockphoto.com/Frank von den Bergh

tonis et lasagnes) sont à faire rêver. Paiement comptant seulement.

Amy Ruth's $-$$ [13]
113 W. 116th St., entre Malcolm X Blvd. (Lenox Ave.) et Adam Clayton Powell Jr. Blvd. (Seventh Ave.), 212-280-8779, www.amyruthsharlem.com

Amy Ruth's est le temple de la *soul food*. Au menu, des plats typiques du sud du pays comme le poulet frit, servi croustillant, trempé dans le miel ou sur gaufres avec sirop d'érable. Une expérience unique et un accueil toujours très chaleureux.

Sylvia's $-$$ [16]
328 Lenox Ave., entre 126th St. et 127th St., 212-996-2669, www.sylviasrestaurant.com

Voici l'autre antre new-yorkaise de la *soul food*. Le dimanche, l'établissement propose un brunch musical au cours duquel on peut entendre des chanteurs de gospel.

Dinosaur Bar-B-Que $$ [14]
700 W. 125th St., angle 12th Ave., 212-694-1777, www.dinosaurbarbque.com

L'endroit à Harlem pour s'offrir côtes de porc (*pork ribs*), gros steaks, petits poulets et poissons-chats. Les succulents plats se marient parfaitement aux bières artisanales servies dans une atmosphère bon enfant.

Salles de spectacle et activités culturelles

(voir carte p. 161)

Apollo Theater [17]
253 W. 125th St., entre Frederick Douglass Blvd. et Seventh Ave., 212-531-5300, www.apollotheater.org

Voir p. 162.

Lenox Lounge [18]
288 Lenox Ave., entre 124th St. et 125th St., 212-427-0253, www.lenoxlounge.com

Cette boîte mythique de Harlem continue d'accueillir d'excellents musiciens. Pour la petite histoire, Billie Holiday, Miles Davis et John Coltrane se sont déjà produits dans sa célèbre Zebra Room.

15 ↘

Ailleurs à New York

Brooklyn ★★★

À voir, à faire

Depuis quelques années, ne pas voir Brooklyn lors d'un voyage à New York équivaut à bouder sa portion la plus innovante, le lieu où New York se réinvente. Dans les quartiers de Brooklyn (Brooklyn Heights, DUMBO, Williamsburg et autres) les visiteurs ont gagné de nouvelles destinations new-yorkaises plus authentiques, plus calmes, moins commerciales, et plus proches des quartiers branchés de Manhattan que les générations précédentes ont découverts et aimés. Plus authentique avec plus de saveur locale, le *borough* de Brooklyn est aussi moins cher. Même si votre seule raison de vous y installer serait de payer beaucoup moins pour l'hébergement, cela vaudrait déjà le coût.

Brooklyn Heights ★★

Situé sur une hauteur dominant l'embouchure de l'East River, le quartier de Brooklyn Heights fait face au quartier des affaires du Lower Manhattan. La quasi-totalité de Brooklyn Heights a été classée arrondissement historique grâce à l'intégrité exceptionnelle de son patrimoine bâti, qui date en majorité de la seconde moitié du XIXe siècle.

Dans ce quartier très agréable pour faire une promenade, vous pourrez notamment vous balader dans **Montague Street ★** *(entre Pierrepont Place et Court St.)*, sa principale rue commerçante où l'on trouve de jolies boutiques ainsi que quelques cafés; **The Promenade ★★** *(entre Remsen St. et Orange St.)*, une agréable esplanade réservée exclusivement aux piétons, qui se trouve en surplomb sur les quais de l'East River et offre

des vues magnifiques sur le quartier des affaires du Lower Manhattan; et la charmante **Willow Street** ★★ *(entre Pierrepont St. et Middagh St.)*, où se trouvent certaines des plus anciennes maisons de Brooklyn Heights.

DUMBO ★★

DUMBO (*Down Under the Manhattan-Brooklyn Overpass*) est l'ancien secteur portuaire et industriel situé entre les rampes d'accès (*overpass*) des ponts de Brooklyn et de Manhattan. Le secteur est en pleine transformation et devient rapidement un secteur de fortunés (le quartier est neuf mais déjà très cher). L'intérêt de DUMBO, pour un touriste, est toutefois l'architecture traditionnelle de briques rouges, jalousement préservée, et surtout les vues inoubliables sur les ponts, sur l'East River et sur Manhattan.

Si vous vous rendez au bord de l'eau, vous pourrez explorer le nouveau **Brooklyn Bridge Park** ★★ *(www.brooklynbridgeparknyc.org)*, qui longe l'East River sur 2 km entre le Manhattan Bridge au nord et Atlantic Avenue au sud, et offrira quelque 34 ha d'espaces verts lorsqu'il sera terminé (on prévoit que l'aménagement du parc se poursuivra au moins jusqu'en 2013). Les premiers secteurs de cette superbe promenade riveraine, situés entre le Manhattan Bridge et le Pier 1, au sud du Brooklyn Bridge et du Fulton Ferry Landing, sont déjà accessibles aux visiteurs.

Williamsburg ★★

Pour les jeunes, le quartier-vedette de Brooklyn est incontestablement Williamsburg (*Billyburg* pour les intimes). Situé au nord-est du quartier de DUMBO, Williamsburg

1. D'une rue du quartier de DUMBO, on aperçoit le Manhattan Bridge.
   © iStockphoto.com/ Luke Andreson

2. Le Brooklyn Museum, l'un des plus importants musées d'art américain.
   © Karine Mancuso

3. L'un des beaux jardins thématiques du Brooklyn Botanical Garden.
   © Dreamstime.com/Leo Bruce Hempell

s'étale autour de son artère principale, Bedford Avenue. C'est ici que la bohème et les créateurs avec plus de talent que d'argent se sont déplacés. Le quartier n'est pas joli, mais les boutiques et galeries d'art sont irrésistibles. Le soir, les nombreux bars et cafés s'animent et servent d'écrins à une vie culturelle exceptionnelle.

Boerum Hill, Cobble Hill et Carroll Gardens ★★

Dans les beaux quartiers voisins de Boerum Hill, Cobble Hill et Carroll Gardens, vous découvrirez un New York à échelle humaine qui offre un bel équilibre par rapport au brouhaha et au m'as-tu-vu de Manhattan.

Vous pourrez notamment y visiter le **Brooklyn Museum ★★★** (contribution suggérée 10$; jeuven 11h à 22h, mer et sam-dim 11h à 18h; 200 Eastern Pkwy., angle Washington Ave., 718-638-5000, www.brooklynmuseum.org), l'un des plus importants musées d'art américains. Aménagé dans un impressionnant bâtiment Beaux-Arts, il s'intègre à un cadre grandiose qui s'inspire des grands boulevards parisiens. Si vous avez peu de temps, notez que ce sont les collections égyptiennes et d'art américain qui font la plus grande fierté du musée, ainsi que ses 12 bas-reliefs monumentaux célèbres provenant des ruines d'un palais assyrien.

Le **Brooklyn Botanic Garden ★★** (10$; début nov à mimars mar-ven 8h à 16h30, samdim 10h à 16h30; mi-mars à début nov mar-ven 8h à 16h, sam-dim 10h à 18h; 1000 Washington Ave., près de l'Eastern Pkwy., 718-623-

Le Prospect Park, qui est à Brooklyn ce que Central Park est à Manhattan. © Philippe Renault/hemis.fr

7200, www.bbg.org), situé au sud du Brooklyn Museum, regroupe, sur 21 ha, plusieurs jardins thématiques, entre autres un très beau jardin japonais aménagé en 1915.

Le **Prospect Park** ★★ *(à l'ouest de Flatbush Ave., 718-965-8951, www.prospectpark.org)* est à Brooklyn ce que Central Park est à Manhattan. Le Prospect Park a été aménagé en 1866-1867 par les célèbres architectes paysagistes new-yorkais Frederick Law Olmsted et Calvert Vaux. Il a une superficie de quelque 237 ha et renferme entre autres un lac de 24 ha du côté est et un pré de 36 ha du côté ouest. Vous pourrez longer le sentier de l'Ambergill Stream, lequel ruisseau reprend son cours dans le parc par une cascade et serpente ensuite entre des bassins artificiels et divers petits étangs avant de se jeter dans le lac Prospect.

Cafés et restos

☕ Blue Bottle Coffee Co. $
160 Berry St., entre Fifth St. et Sixth St., 718-387-4160, www.bluebottlecoffee.net

Il n'est pas rare d'attendre une vingtaine de minutes pour siroter son café préparé à la perfection dans cette réputée chaîne de cafés. Soyez patient : l'attente en vaut le coup !

Mile End $-$$
97A Hoyt St., entre Atlantic Ave. et Pacific St., 718-852-7510, www.mileendbrooklyn.com

Ouvert en 2010 par un Montréalais implanté à New York, le Mile End importe ses *bagels* frais tous les jours directement de chez Saint-Viateur Bagel et prépare son *smoked meat* selon les règles sacro-

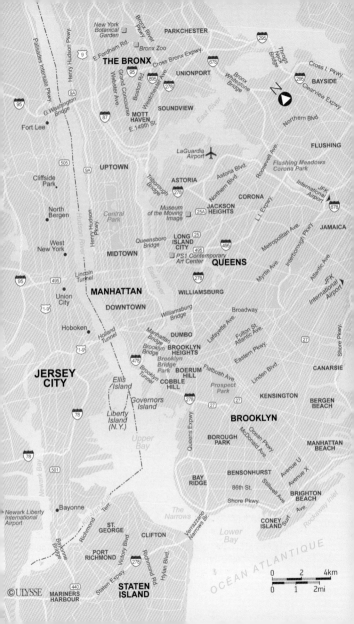

saintes de chez Schwartz. Authentique.

Prime Meats $$$-$$$$
465 Court St., entre Luquer St. et Fourth Place, 718-254-0327, www.frankspm.com

Si vous voulez savourer un excellent steak sans recevoir l'addition salée des *steakhouses* de Manhattan, rendez-vous chez Prime Meats, la dernière coqueluche des *foodies* de Brooklyn.

Bars et boîtes de nuit

68 Jay Street Bar
68 Jay St., angle Water St., 718-260-8207, www.68jaystreetbar.net

Installé dans l'ancien entrepôt de la Grand Union Tea Company, le chaleureux 68 Jay Street Bar est l'endroit où prendre un verre dans DUMBO si l'on préfère éviter les ambiances survoltées et les foules de jeunes *hipsters*.

Bembe
81 S. Sixth St., 718-387-5389, www.bembe.us

Si vous avez soif de sons brésiliens et caribéens, ne manquez pas de plonger dans l'ambiance surchauffée du bar Bembe. Vous y découvrirez des concerts de percussions, d'excellents *mojitos* et la vraie *vibe* de Brooklyn.

Brooklyn Ale House
103 Berry St., angle N. Eighth St., 718-302-9811, www.brooklynalehouse.com

Ce petit bar de quartier à l'esprit communautaire propose un grand nombre de bières artisanales et des spiritueux typiquement américains.

1. Une vue aérienne sur Queens, Roosevelt Island et Manhattan. © iStockphoto.com/amriphoto
2. Le New York State Pavillion dans le Flushing Meadows Corona Park © iStockphoto.com/naphtalina

Lèche-vitrine

Vêtements et accessoires

Brooklyn Industries
100 Smith St., angle Atlantic Ave.,
718-596-3986, www.brooklynindustries.com

La chaîne de magasins Brooklyn Industries vend des vêtements décontractés et des accessoires, souvent illustrés d'un endroit emblématique de Brooklyn. Un bon endroit pour dénicher un t-shirt souvenir qui changera du sempiternel «I Love New York».

Queens ★★

À voir, à faire

Soyez le bienvenue dans le «*Borough of Queens*», grand secteur multiethnique, très sympathique, plein de musées, de richesses culturelles et de grands stades. Le Queens est le quartier le plus ethnique de New York (et du monde): moins de la moitié des 2,2 millions d'habitants de Queens sont des Blancs, et près de la moitié sont nés à l'étranger!

Flushing ★

Deuxième Chinatown de New York, Flushing, une subdivision de Queens, comme Astoria (voir plus loin), est un secteur historique de New York. D'abord colonie hollandaise puis anglaise, et quartier surtout irlandais jusqu'aux années 1970, Flushing aborde alors son virage oriental radical...

C'est à l'extrémité ouest du quartier de Flushing qu'on trouve le **Flushing Meadows Corona Park** ★ *(entre 111th St., Van Wyck Expressway, Flushing Bay et Grand Central Parkway)*, qui a déjà accueilli deux

expositions universelles (en 1939 et 1964). Il abrite aujourd'hui une grande variété d'institutions muséales et récréatives, notamment le **New York Hall of Science** ★ *(11$; juil et août lun-ven 9h30 à 17h, sam-dim 10h à 18h, horaire variable le reste de l'année; 718-699-0005, www. nysci.org)* et le **Queens Zoo** *(8$; début avr à début nov lun-ven 10h à 17h, sam-dim 10h à 17h30; début nov à fin mars tlj 10h à 16h30; 718-271-1500, www.queenszoo.com).* Sans bien sûr oublier le **USTA Billie Jean King National Tennis Center**, où a lieu chaque année le **US Open** (voir p. 209), un des quatre tournois majeurs du tennis mondial, et le **Citi Field**, où sont présentés les matchs à domicile des **New York Mets** (voir p. 208). La structure emblématique du parc demeure toutefois l'**Unisphere** (un globe terrestre en acier inoxydable d'une hauteur équivalente à 12 étages), qui a d'abord été le symbole de la New York World's Fair de 1964.

Astoria ★

Dans le quartier d'Astoria, vous pourrez visiter le **Museum of the Moving Image** ★★ *(10$, accès libre aux expositions ven 16h à 20h; mar-jeu 10h30 à 17h, ven 10h30 à 20h, sam-dim 10h30 à 19h; 36-01 35th Ave., 718-777-6888, www. movingimage.us),* un fascinant musée du cinéma, de la télévision et du multimédia qui nous transporte derrière l'écran, au cœur de la confection des films et des émissions télévisées. On voit notamment comment sont conçues et intégrées les bandes sonores, et comment le réalisateur d'une émis-

1. L'Unisphere du Flushing Meadows Corona Park, symbole de la New York World's Fair de 1964. © Phil Kline/NYC & Co.

2. Le quartier de Long Island City, surnomé le «nouveau Brooklyn». © Pierre Ledoux

sion sportive choisit les plans en temps réel.

Long Island City ★

Surnommée le «nouveau Brooklyn», Long Island City (le secteur du Queens qui fait face à Midtown Manhattan) se trouve à une seule station de métro du secteur le plus cher de New York! C'est pourquoi de chics copropriétés et un joli parc portuaire bordent maintenant le secteur de Hunter's Point sur l'East River.

C'est dans ce quartier que vous pourrez découvrir le **PS1 Contemporary Art Center ★★** *(contribution suggérée 10$, entrée libre pour les détenteurs d'un droit d'entrée au MoMA à l'intérieur de 30 jours; jeulun 12h à 18h; 22-25 Jackson Ave., angle 46th Ave., 718-784-2084,* www.ps1.org*)*, un lieu d'exposition exceptionnel installé dans une ancienne école. Annexe du célébrissime **Museum of Modern Art (MoMA)** (voir p. 108), le PS1 est devenu en quelque sorte l'espace d'avant-garde du MoMA, et une institution très respectée dans le milieu artistique aux États-Unis.

Cafés et restos

La Espiguita $
32-44 31st St., juste au sud de Broadway, 718-777-5648

Ici, que du vrai et que du frais: *tortillas* authentiques et *salsa* piquante ou très piquante. Cette *taquería* est minuscule, mais la qualité de la viande rassure, et le sourire des Latinos réconforte.

Tournesol Bistro Français $$
50-12 Vernon Blvd., entre 49th Ave. et 50th Ave., 718-472-4355, www.tournesolnyc.com

Le Tournesol propose une cuisine de bistro classique (moules, bœuf bourguignon, steak-frites, etc.). On y sert également un bon brunch les fins de semaine. Excellent rapport qualité/prix.

Domaine Wine Bar $$-$$$
50-04 Vernon Blvd., 718-784-2350, www.domainewinebar.com

Au Domaine Wine Bar, vous pourrez choisir parmi une quarantaine de crus provenant d'un peu partout dans le monde, tout en savourant de bons fromages artisanaux ou des huîtres bien fraîches.

The Bronx

À voir, à faire

Voici le plus pauvre des *boroughs* de New York. Le nom du Bronx peut faire peur à lui seul... Pourtant il ne faut pas se priver de visiter ce secteur, qui va beaucoup mieux qu'auparavant et dont tous les quartiers sont sûrs le jour. Son quartier-vedette est la «Little Italy du Bronx» (sur Arthur Avenue, au sud de la Fordham University), qui est nettement plus authentique et habitée que la Petite Italie touristique de Manhattan. Surprise, c'est aussi dans le Bronx qu'on trouve le plus d'espaces verts à New York!

1. Un paon du Bronx Zoo. © iStockphoto.com/John Anderson

2. Le New York Botanical Garden, créé en 1891 et aujourd'hui classé monument historique.
© iStockphoto.com/Terraxplorer

New York Botanical Garden ★★

6$ pour l'entrée au site, 20$ pour l'accès aux expositions spéciales; mar-dim 10h à 18h; 2900 Southern Blvd., angle E. 200th St., aussi appelé «Kazimiroff Blvd.», 718-817-8700, www.nybg.org

Créé en 1891 et aujourd'hui classé monument historique, le New York Botanical Garden réunit aussi bien des terres humides que des étangs et des cascades ainsi que 16 ha de forêt new-yorkaise d'origine, le tout parmi d'impressionnants affleurements rocheux. On trouve sur place de nombreux jardins spécialisés, que l'on peut découvrir grâce aux visites guidées qui sont offertes sur place.

Bronx Zoo ★★

16$; avr à oct lun-ven 10h à 17h, sam-dim 10h à 17h30; nov à mars tlj 10h à 16h30; Bronx River Pkwy., angle Fordham Rd., 718-367-1010, www.bronxzoo.com

Le Bronx Zoo est non seulement le plus vaste des cinq zoos que compte New York, mais il est aussi considéré comme le plus important jardin zoologique urbain des États-Unis. Sur ses 110 ha, les visiteurs peuvent admirer les animaux de la jungle équatoriale, de la savane africaine, des montagnes de l'Himalaya et de l'Asie Mineure. Les bâtiments originaux, dessinés par les architectes Heins et LaFarge entre 1895 et 1908, valent à eux seuls la visite.

new york pratique

Les formalités

Passeports et visas

Pour entrer aux États-Unis par voie aérienne, les citoyens canadiens ont besoin d'un passeport. S'ils entrent par voie terrestre ou maritime, ils pourront présenter soit leur passeport ou leur «permis de conduire Plus», qui sert à la fois de permis de conduire et de document de voyage.

Les résidents d'une trentaine de pays dont la France, la Belgique et la Suisse, en voyage d'agrément ou d'affaires, n'ont plus besoin d'être en possession d'un visa pour entrer aux États-Unis à condition de:

avoir un billet d'avion aller-retour;

présenter un passeport électronique sauf s'ils possèdent un passeport individuel à lecture optique en cours de validité et émis au plus tard le 25 octobre 2005; à défaut, l'obtention d'un visa sera obligatoire;

projeter un séjour d'au plus 90 jours (le séjour ne peut être prolongé sur place: le visiteur ne peut changer de statut, accepter un emploi ou étudier);

présenter des preuves de solvabilité (carte de crédit, chèques de voyage);

remplir le formulaire de demande d'exemption de visa (formulaire I-94W) remis par la compagnie de transport pendant le vol;

le visa est toujours nécessaire pour certaines catégories de voyageurs (étudiants ou visa précédemment refusé).

Depuis janvier 2009, les ressortissants des pays bénéficiaires du Programme d'exemption de visa devront obtenir une autorisation de séjour avant d'entamer leur voyage aux États-Unis. Afin d'obtenir cette autorisation, les voyageurs éligibles doivent remplir le questionnaire du Système électronique d'autorisation de voyage (ESTA) au moins 72h avant leur déplacement aux États-Unis. Ce formulaire est disponible gratuitement sur le site Internet administré par le U.S. Department of Homeland Security *(https:// esta.cbp.dhs.gov/esta/esta.html)*.

L'arrivée

En avion

John F. Kennedy International Airport (JFK)

Le **John F. Kennedy International Airport (JFK)** *(718-244-4444, www.panynj.gov)* est situé à environ 25 km au sud-est du centre de Manhattan, dans le *borough* de Queens. Pour se rendre au centre-ville au départ de l'aéroport, la façon la plus économique est d'utiliser l'**AirTrain JFK** *(877-535-*

Le John F. Kennedy International Airport. © iStockphoto.com/Skyhobo

2478, www.airtrainjfk.com) puis le métro à partir de la station Howard Beach (sur la ligne A du métro). Il en coûte 5$ pour l'AirTrain JFK avec la Pay-Per-Ride MetroCard. De l'aéroport à Manhattan, la durée du trajet varie de 60 min à 90 min.

La **SuperShuttle** (15-25; 800-258-3826, www.supershuttle.com) vous déposera entre le Battery Park et 227th Street, incluant tous les hôtels (réservations requises à l'aller et au retour).

Le **New York Airport Service Express Bus** (15$; tlj départs toutes les 15 min à 30 min de 6h15 à 23h10; 718-875-3200, www.nyairportservice.com) se rend au Port Authority Bus Terminal (Eighth Ave., entre 40th St. et 42th St.), au Grand Central Terminal (Park Ave., entre 41st St. et 42nd St.), à la New York Penn Station (angle 33rd St. et Seventh Ave.) et au Bryant Park (angle 42nd St. et Sixth St.), de même qu'à certains hôtels entre 31st Street et 60th Street.

Un **taxi** jusqu'à Manhattan (environ 45 min si tout va bien) coûte quelque 50$ (plus les frais de péage routier et le pourboire).

Newark Liberty International Airport

Le **Newark Liberty International Airport** (973-961-6000, www.panynj.gov), situé dans l'État du New Jersey à 26 km au sud-ouest de Manhattan, reçoit principalement les vols internationaux de Continental Airlines.

Pour vous rendre à Manhattan au départ du Newark Liberty International Airport, vous pouvez prendre

New York pratique

l'**AirTrain Newark** (*888-397-4636, www.airtrainnewark.com*) jusqu'à la Newark Liberty International Station pour emprunter le service ferroviaire du **New Jersey Transit** (*800-772-2287, www.njtransit. com*) ou d'**Amtrak** en direction de la New York Penn Station. Il vous en coûtera environ 12,50$ pour vous rendre de la Newark Liberty International Station jusqu'à la New York Penn Station, pour un trajet d'une durée de 40 min.

La **SuperShuttle** (*15-25; 800-258-3826, www.supershuttle.com*) vous déposera entre le Battery Park et 227th Street, incluant tous les hôtels (réservations requises à l'aller et au retour).

Un **taxi** jusqu'à Manhattan coûte environ 50$, plus les frais de péage routier et le pourboire.

LaGuardia Airport

Le **LaGuardia Airport** (*718-533-3400, www.panynj.gov*) est situé à 13 km à l'est de Manhattan et accueille surtout des vols intérieurs ainsi que quelques vols internationaux en provenance du Canada.

Le **New York Airport Service Express Bus** (*15$; tlj départs toutes les 20 min à 30 min de 7h20 à 23h; 718-875-8200, www. nyairportservice.com*) relie l'aéroport à Manhattan, s'arrêtant aux mêmes endroits que la navette qui dessert l'aéroport JFK (voir p. 178).

La **SuperShuttle** (*15-25; 800-258-3826, www.supershuttle.com*) vous déposera entre le Battery Park et 227th Street, incluant tous les hôtels (réservations requises à l'aller comme au retour).

Si vous préférez les services d'un **taxi**, notez qu'il en coûte de 30$ à 35$ (plus les frais de péage routier et le pourboire) pour vous rendre à Manhattan depuis l'aéroport, en 30 min à 60 min.

Au départ de LaGuardia, l'autobus **M60** (*2,25$*), pour un parcours d'environ 60 min, circule en direction de Manhattan et traverse Harlem en longeant 125th Street où il fait plusieurs arrêts à des stations de métro.

En voiture

Au départ de Montréal, empruntez l'autoroute 15 Sud en direction de la frontière américaine. Une fois la frontière franchie, cette route devient l'Interstate 87 (I-87), qui mène jusqu'à New York. Comptez environ 6h30 pour faire le trajet, sans compter l'accès à la ville même qui peut être plus difficile en fonction du trafic.

Si vous choisissez de vous rendre à New York en voiture, sachez qu'il vous sera très difficile de trouver un stationnement à prix raisonnable. Si les stationnements privés sont certainement nombreux, vous devrez néanmoins vous attendre à payer jusqu'à 15$ la première heure et 50$ par jour pour leurs services.

Une bonne option consiste à laisser sa voiture à l'extérieur de l'île de Manhattan, par exemple dans les stationnements des stations ferroviaires du **New Jersey Transit** (800-772-2287, www.njtransit.com), du **MTA Long Island Rail Road** (718-217-5477, www.mta.info/lirr) ou du **MTA Metro-North Railroad** (212-532-4900, www.mta.info/mnr), qui offrent tous un service de stationnement de longue durée.

Vous pouvez également consulter les sites Internet www.bestparking.com ou www.iconparking.com, qui permettent de trouver facilement un stationnement privé dans la ville, de comparer les prix et même de réserver votre place à l'avance.

1. Une idée de la dense circulation automobile dans Manhattan. © Dreamstime.com/Michalnapartowicz

2. Un autobus passant devant le Brooklyn Bridge. © iStockphoto.com/tatiana sayig

En autocar

Les Canadiens peuvent se rendre à New York à bord des autobus de la compagnie **Greyhound** (800-231-2222, www.greyhound.com). Ils peuvent faire leur réservation directement auprès de la **Station Centrale** (514-843-4231, www.greyhound.ca) à Montréal ou du **Toronto Coach Terminus** (416-594-1010, www.greyhound.ca) à Toronto. Comptez environ 8h30 pour faire le trajet au départ de Montréal, sans compter le passage au poste frontalier qui peut causer un retard.

Le **Port Authority Bus Terminal** (Eighth Ave., entre 40th St. et 42nd St., www.panynj.gov) est l'immense gare new-yorkaise d'où partent et où arrivent la plupart des autocars.

New York pratique

Détail architectural de la Penn Station, à côté du Madison Square Garden.
© Dreamstime.com/Natalia Bratslavsky

En train

Il est possible de se rendre à la **Penn Station** *(de 31st St. à 33rd St., entre Seventh Ave. et Eighth Ave.)* de New York au départ de Montréal en montant à bord du train *Adirondack* d'**Amtrak** *(800-872-7245, www. amtrak.com)*. Le prix est certes intéressant *(62$)*, mais la durée du trajet peut en rebuter certains : il faut compter environ 11h, sans compter les retards fréquents.

Le logement

Les quelque 80 000 chambres d'hôtel de New York vont des charmants *bed and breakfasts* (gîtes touristiques) de quartier aux luxueuses suites des chaînes de Midtown Manhattan, en passant par les hôtels-boutiques tendance et les auberges de jeunesse. Les chambres new-yorkaises sont plus petites et plus chères qu'ailleurs, et les prix jouent constamment la surenchère, atteignant aujourd'hui une moyenne de 240$ par nuitée pour une chambre standard.

Location d'appartements

City Lights

212-737-7049,
www.citylightsbedandbreakfast.com

Cette agence propose à la fois des chambres en *bed and breakfast* et des appartements.

Manhattan Getaways

212-956-2010, www.manhattangetaways.com

Manhattan Getaways offre un grand choix de chambres ou d'appartements privés, situés principalement dans les quartiers de Midtown, de SoHo et de Chelsea.

Auberges de jeunesse

Jazz on the Town
307 E. 14th St., angle Second Ave.,
212-228-2780, www.jazzhostels.com

Big Apple Hostel
119 W. 45th St., entre Sixth Ave. et Seventh
Ave., 212-302-2603, www.bigapplehostel.com

Hostelling International New York
891 Amsterdam Ave., angle W. 103rd St.,
212-932-2300, www.hinewyork.org

Hôtels

Prix

L'échelle utilisée dans ce guide donne des indications de prix pour une chambre standard pour deux personnes, avant taxe, en vigueur durant la haute saison.

$	moins de 100$
$$	de 100$ à 200$
$$$	de 201$ à 350$
$$$$	de 351$ à 500$
$$$$$	plus de 500$

Le label Ulysse 🌐

Le pictogramme du label Ulysse est attribué à nos établissements favoris (hôtels et restaurants). Bien que chacun des établissements inscrits dans ce guide s'y retrouve en raison de ses qualités ou particularités, en plus de son rapport qualité/prix, de temps en temps un établissement se distingue parmi d'autres. Ainsi il mérite qu'on lui attribue un label Ulysse. Les labels Ulysse peuvent se retrouver dans toutes les catégories de prix. Quoi qu'il en soit, dans chacun de ces établissements, vous en aurez pour votre argent. Repérez-les en premier!

Le quartier de Wall Street et le South Street Seaport
(voir carte p. 27)

Cosmopolitan Hotel $$-$$$
[18]
95 W. Broadway, angle Chambers St.,
212-566-1900 ou 888-895-9400,
www.cosmohotel.com

Le Cosmopolitan constitue un excellent choix dans la catégorie petit budget pour ceux qui recherchent un accès pratique à Wall Street, TriBeCa et SoHo. Il propose notamment des lofts multiniveaux.

Seaport Inn $$$ [19]
33 Peck Slip, angle Front St., 212-766-6600,
www.seaportinn.com

Le Seaport Inn est aménagé dans un entrepôt de briques rouges du début du XIXe siècle. Demandez une des chambres avec terrasse, qui permettent de bénéficier d'une vue sur le quartier de Wall Street et le pont de Brooklyn.

SoHo et TriBeCa *(voir carte p. 55)*

🌐 **SoHo Grand Hotel** $$$$ [34]
310 W. Broadway, angle Grand St., 212-965-3000 ou 800-965-3000, www.sohogrand.com

Le SoHo Grand fut l'un des premiers hôtels-boutiques du quar-

tier de SoHo. Le décor très original des espaces communs et des chambres se veut un croisement entre l'architecture industrielle du quartier et les styles exotiques des années 1920.

Mercer Hotel $$$$-$$$$$ [33]
147 Mercer St., angle Prince St.,
212-966-6060, www.mercerhotel.com
Les chambres du Mercer Hotel présentent de hauts plafonds, d'immenses fenêtres et de petits balcons en fer forgé dominant le quartier de SoHo. L'hôtel abrite également le fameux restaurant **The Mercer Kitchen** (voir p. 57).

Greenwich Village et West Village (voir carte p. 63)

Larchmont Hotel $$ [29]
27 W. 11th St., entre Fifth Ave et Sixth Ave.,
212-989-9333, www.larchmonthotel.com

La déco des petites chambres du Larchmont est simple, mais considérant ses prix et son emplacement dans une rue tranquille de Greenwich Village, il s'agit d'une perle rare dans le quartier.

Washington Square Hotel $$$ [30]
103 Waverly Place, angle MacDougal St.,
212-777-9515 ou 800-222-0418,
www.washingtonsquarehotel.com
Le Washington Square Hotel est un charmant petit établissement situé à proximité du Washington Square Park. Ses chambres sont propres et joliment décorées, et ses espaces communs offrent une ambiance intimiste.

Chelsea et le Meatpacking District (voir carte p. 77)

The Jane $-$$$ [35]
113 Jane St., entre le West Side Hwy.
et Washington St., 212-924-6700,
www.thejanenyc.com
Le Jane ne manque pas de cachet avec son décor inspiré du film *Barton Fink* et son personnel costumé tout droit sorti des années 1920. Très bien situé, à proximité du High Line Park et du Hudson River Park.

Colonial House Inn $$ [32]
318 W. 22nd St., entre Eighth Ave. et Ninth Ave. 212-243-9669 ou 800-689-3779,
www.colonialhouseinn.com
Le Colonial House Inn accueille une clientèle gay qui profite de la proximité des restos et des bars de Chelsea et de Greenwich Village. Les chambres sont petites mais bien

1. Le SoHo Grand Hotel, l'un des premiers hôtels-boutiques du quartier. © *Courtesy of GrandLife Hotels*

2. Le Gansevoort, hôtel phare du Meatpacking District. © *Hotel Gansevoort - Meatpacking*

meublées, très propres et décorées avec goût. Terrasse sur le toit.

Inn on 23rd [34] $$$

131 W. 23rd St., entre Sixth Ave. et Seventh Ave. 212-463-0330 ou 877-387-2323, www.innon23rd.com

Antiquités, objets d'art, reliques des voyages d'Annette, la propriétaire, ou de ses trouvailles d'ancienne galeriste... les recoins de ce *bed and breakfast* sont chargés d'histoire, et c'est ce qui fait son charme.

Hotel Gansevoort $$$$ [33]

18 Ninth Ave., angle 13th St., 212-206-6700, www.hotelgansevoort.com

Voici l'hôtel phare du Meatpacking District. Parmi les petites douceurs du Gansevoort : *lounge* chic et piscine chauffée aménagés sur le toit, gymnase, spa, sauna, salon de coif-

fure, vélos mis à la disposition de la clientèle...

East Village *(voir carte p. 85)*

St. Marks Hotel $$ [36]

2 St. Marks Place, angle Third Ave., 212-674-0100, www.stmarkshotel.net

Le vieux St. Marks Hotel s'adresse d'abord à la clientèle jeune et fringante qui fréquente les bars et les discothèques du quartier. Situé sur l'artère emblématique d'East Village, il offre un confort honnête à prix modéré.

Flatiron District *(voir carte p. 93)*

Gershwin Hotel $-$$$ [31]

7 E. 27th St., entre Madison Ave. et Fifth Ave., 212-545-8000, www.gershwinhotel.com

À la fois une auberge de jeunesse et un hôtel doté de chambres et de suites confortables, le Gershwin

New York pratique

Le Gramercy Park Hotel, dont la déco allie superbement l'ancien au contemporain.
© Gramercy Park Hotel

Hotel est privilégié par les globe-trotters bien informés et soucieux de leur budget. Décor pop art et terrasse sur le toit.

Carlton Arms Hotel $$ [30]
160 E. 25th St., entre Third Ave. et Lexington Ave., 212-679-0680, www.carltonarms.com

Artistes et étudiants forment la clientèle du Carlton Arms, un petit hôtel situé à deux pas du Madison Square Park. Chacune des chambres, toutes plus *cool* les unes que les autres, a été décorée par un artiste différent.

Hotel 17 $$ [33]
225 E. 17th St., entre Second Ave. et Third Ave., 212-475-2845, www.hotel17ny.com

Cet hôtel très abordable, idéalement situé à deux pas de l'Union Square Park, propose de petites chambres rénovées avec goût.

Gramercy Park Hotel $$$$$ [32]
2 Lexington Ave., entre 21st St. et 22nd St., 212-920-3300 ou 866-784-1300, www.gramercyparkhotel.com

Le Gramercy Park Hotel, inauguré en 1925 et remis au goût du jour par Ian Schrager et Julian Schnabel en 2006, figure parmi les vieux palaces de New York, mais une déco alliant superbement l'ancien au contemporain fait l'originalité de cette adresse réputée dans le monde entier.

Midtown East (voir carte p. 105)

Hotel Wolcott $$ [47]
4 W. 31st St., entre Fifth Ave. et Broadway, 212-268-2900, www.wolcott.com

Les chambres de l'Hotel Wolcott n'ont rien de luxueux, mais offrent un confort honnête. On choisit cet établissement pour ses prix abor-

New York pratique

dables et son emplacement, à trois rues de l'Empire State Building.

The Pod Hotel $$ [49]
230 E. 51st St., entre Second Ave. et Third Ave., 212-355-0300 ou 800-742-5945, www.thepodhotel.com

Le Pod Hotel s'adresse aux voyageurs à budget réduit mais en quête d'un hébergement «stylé». Son bar aménagé sur une terrasse au dernier étage permet de bénéficier d'une belle vue sur le *skyline* new-yorkais.

Eastgate Tower Hotel $$-$$$ [44]
222 E. 39th St., entre Second Ave. et Third Ave., 212-687-8000, www.affinia.com

L'Eastgate Tower Hotel est une bonne option pour les familles ou les groupes d'amis qui désirent loger dans le Midtown. Ses appartements sont confortables, comptent tous une cuisine complète et peuvent accueillir jusqu'à six personnes.

Morgans $$$ [48]
237 Madison Ave., entre E. 37th St. et E. 38th St., 212-686-0300 ou 800-697-1791, www.morganshotel.com

Les chambres et les suites du Morgans arborent une décoration et un mobilier minimaliste, et les clients bénéficient de plusieurs services raffinés. Le restaurant **Asia de Cuba** (voir p. 114) est un des établissements les plus sélects de Manhattan.

Hotel Elysée $$$-$$$$ [46]
60 E. 54th St., entre Madison Ave. et Park Ave., 212-753-1066 ou 800-535-9733, www.elyseehotel.com

L'Elysée constitue un choix judicieux pour le voyageur qui adore le charme des petits hôtels du vieux monde. Les chambres sont confortablement meublées et offrent des points de vue intéressants sur la ville.

Eventi – A Kimpton Hotel $$$-$$$$ [45]
851 Avenue of the Americas, angle 30th St., 212-564-4567 ou 866-996-8396, www.eventihotel.com

Inauguré en 2010, l'Eventi propose un confort moderne et luxueux tout en demeurant chaleureux et invitant. Son décor favorise les matières naturelles (bois, marbre), tant dans les espaces communs que dans les chambres, d'ailleurs grandes pour New York.

Midtown West (voir carte p. 121)

Hotel 41 at Times Square $-$$$ [33]
206 W. 41st St., entre Seventh Ave. et Eighth Ave., 212-703-8600, www.hotel41nyc.com

Le 41 a tout d'un petit hôtel-boutique, mais sans les prix vertigineux, même s'il se trouve devant Times Square. On aime ses chambres au décor simple mais chaleureux et son resto-bar de style *lounge*.

414 Hotel $$-$$$ [32]
414 W. 46th St., entre Ninth Ave. et 10th Ave., 212-399-0006 ou 866-414-4683, www.414hotel.com

Voici une très bonne affaire dans les environs de Times Square. Le 414 est un petit hôtel charmant dont les chambres offrent un décor similaire aux chics hôtels-boutiques de Manhattan, mais à un prix étonnamment raisonnable pour le quartier.

Millennium Broadway Hotel $$$ [34]

145 W. 44th St., entre Sixth Ave. et Broadway, 212-768-4400 ou 800-622-5569, www.millenniumhotels.com

L'ultramoderne Millennium Broadway s'articule autour du Hudson Theatre, un monument historique datant de 1903. Les chambres sont grandes et très confortables, et on y bénéficie de vues épatantes sur le quartier des spectacles.

Radio City Apartments $$$ [35]

142 W. 49th St., entre Sixth Ave. et Seventh Ave., 212-730-0728 ou 877-921-9321, www.radiocityapts.com

Les Radio City Apartments proposent des studios et de petits appartements équipés d'une cuisinette. Les prix sont raisonnables, et l'emplacement est difficile à battre, à seulement quelques pas de Times Square et du quartier des spectacles.

The London NYC $$$$-$$$$$ [36]

151 W. 54th St., entre Sixth Ave. et Seventh Ave., 866-690-2029, www.thelondonnyc.com

Le London NYC dresse ses 54 étages au-dessus de la mêlée, ce qui permet à ses occupants de bénéficier de vues spectaculaires sur Central Park et le fleuve Hudson. Cet établissement moderne renferme des suites et appartements de grand standing.

Upper East Side
(voir carte p. 139)

The Gracie Inn $$$ [29]

502 E. 81st St., entre York Ave. et E. End Ave., 212-628-1700 ou 800-404-2252, www.gracieinnhotel.com

Que ce soit un studio, un appartement ou un *penthouse*, chacune des 13 unités du Gracie Inn possède une cuisine entièrement équipée et une salle de bain privée. Décor champêtre et petit déjeuner de muffins et de fruits frais tous les matins.

Hotel Wales $$$ [28]

1295 Madison Ave., angle E. 92nd St., 212-876-6000 ou 866-925-3746, www.waleshotel.com

Érigé en 1901, le Wales a conservé les boiseries foncées d'origine qui en font l'un des seuls hôtels d'esprit victorien encore en activité à New York. Les clients peuvent prendre le brunch dominical au restaurant **Sarabeth's** (voir p. 143), qui partage la même adresse.

The Pierre $$$$$ [30]

2 E. 61st St., angle Fifth Ave., 212-838-8000, www.tajhotels.com

Renfermant à la fois des chambres et des appartements, The Pierre est l'un des plus prestigieux palaces new-yorkais. Il est aménagé dans un splendide édifice Beaux-Arts de 1929 dont le sommet rappelle vaguement la chapelle de Versailles.

The Pierre, l'un des plus prestigieux palaces hôteliers de New York. © The Pierre - A Taj Hotel

Upper West Side
(voir carte p. 151)

Hotel Beacon $$$ [32]
2130 Broadway, angle W. 75th St.,
212-787-1100 ou 800-572-4969,
www.beaconhotel.com

Toutes les chambres et suites du Beacon sont dotées de cuisinettes, ce qui plaira à ceux qui ne veulent pas dépenser trop d'argent dans les restaurants de New York. Situé à deux pas de Central Park et de l'American Museum of Natural History.

The Lucerne Hotel $$$ [33]
201 W. 79th St., angle Amsterdam Ave.,
212-875-1000 ou 800-492-8122,
www.thelucernehotel.com

Le Lucerne combine un emplacement agréable, à quelques rues de Central Park et du Lincoln Center, et un coût relativement raisonnable pour l'Upper West Side. Les habitués prennent leur café-croissant au restaurant **Nice Matin** (voir p. 153), attenant à l'hôtel.

Harlem *(voir carte p. 161)*

Harlem Flophouse $$ [19]
242 W. 123rd St., entre Frederick Douglass Blvd. et Seventh Ave., 347-632-1960,
www.harlemflophouse.com

Proche du mythique bar de jazz **Lenox Lounge** (voir p. 164), cette maison familiale devenue un lieu d'hébergement comprend quatre chambres spacieuses aménagées dans une ravissante *brownstone*.

Ailleurs à New York

Brooklyn

Nu Hotel $$-$$$
85 Smith St., Cobble Hill, 718-852-8585,
www.nuhotelbrooklyn.com

Cet agréable hôtel-boutique a maî-
trisé l'art de l'originalité : planchers
de liège, art industriel dans le hall,
meubles en bois de teck recyclé, et
plus encore. Situé à quelques stations de métro de Manhattan dans
le quartier à la mode de Cobble Hill.

Près des aéroports

**Marco LaGuardia Hotel
& Suites by Lexington** *$$*
137-07 Northern Boulevard, Flushing, Queens,
718-445-3300, www.marcolaguardiahotel.com
Cet hôtel propose des chambres
confortables à prix raisonnable,
une navette d'aéroport et un petit
déjeuner très convenable. On rejoint
Manhattan en 40 min par la ligne 7
du métro, qui se trouve à quelques
minutes à pied.

▶ Les déplacements

Orientation

La base essentielle dont il faut se
rappeler pour s'orienter à Man-
hattan (notamment quand vient
le temps de choisir une direction
dans le métro) est que Downtown
Manhattan représente le sud de
l'île avec ses quartiers les plus his-
toriques, que Midtown Manhattan
se trouve au centre et présente les
attraits les plus forts créés au XXe
siècle (Times Square, Empire State
Building, etc.) et qu'Uptown Man-

hattan est l'immense mais moins
touristique portion de l'île, qui
s'étend de Central Park à l'extré-
mité nord de Manhattan, en face
du Bronx.

Il est tout de même facile de trou-
ver son chemin à New York. En
effet, la ville est quadrillée par un
réseau de rues et d'avenues se
croisant presque toujours à angle
droit. Ce quadrillage systémati-
que est composé de rues «est-
ouest» traversant les avenues ou
des boulevards «nord-sud». Les
adresses, qui portent toujours les
mentions, «East» ou «West», per-
mettent d'identifier facilement le
sens de l'artère et le secteur de la
ville recherché. Ainsi, toute adresse
située à l'est de Fifth Avenue sur

New York pratique

1. Les axes routiers aux alentours de l'East River. © Dreamstime.com/Serban Enache

2. L'intersection de Wall Street et de Broadway. © iStockphoto.com/Marcio Silva

une artère «est-ouest» portera la mention «East» (par exemple, 255 East 93rd Street); et toute adresse située à l'ouest de Fifth Avenue sur une artère «est-ouest» portera la mention «West» (par exemple, 35 West 42nd Street).

En voiture

L'automobile ne constitue pas le moyen le plus efficace, ni le plus agréable, pour visiter New York, à moins de très bien connaître la ville. Nous vous conseillons donc fortement de découvrir New York à pied et, pour parcourir des distances plus longues, de recourir aux transports en commun ou aux taxis, fort nombreux et peu chers.

Si malgré tout vous souhaitez louer une voiture, rappelez-vous que plusieurs agences de location de voitures exigent que leurs clients soient âgés d'au moins 25 ans et qu'ils soient en possession d'une carte de crédit reconnue.

Les grandes compagnies de location de voitures ont plusieurs centres de location à travers la ville, et la plupart sont aussi représentées dans les aéroports. Voici quelques adresses à Manhattan:

Avis: 220 W. 31st St., 646-733-5995 ou 800-230-4898, ww.avis.com

Budget: 225 E. 43rd St., 212-661-5906 ou 800-527-0700, www.budgetrentacar.com

Hertz: 330 E. 38th St., 212-486-5060 ou 800-654-3131, www.hertz.com

New York pratique

Métro

Vous risquez d'être surpris la première fois que vous jetterez un coup d'œil sur le plan du métro de New York. Il vous semblera en effet, à première vue, ne rien distinguer qu'un enchevêtrement de chiffres, de lettres et de traits colorés se croisant de façon aléatoire. Et la première fois que vous mettrez le pied à l'intérieur d'une station, il n'y a aucun doute que vous serez bouleversé, à plus forte raison si vous vous présentez à l'heure de pointe, lorsque tout le monde crie à qui mieux mieux, que les préposés aux guichets sont d'une humeur massacrante et que les habitués se fraient un chemin à travers la foule à une vitesse foudroyante.

Oui, le métro peut être sale et mal aéré, mais il peut aussi s'avérer d'une propreté incroyable, selon la ligne ou même la station que vous empruntez. Il se révèle en outre d'une efficacité remarquable, et passablement économique, pour peu que vous parveniez à vous y retrouver. Ne vous attendez pas à percer d'emblée le mystère du labyrinthe, mais, avec un peu de patience et de logique, vous devriez vous sentir plus à l'aise après quelques jours.

Quelques conseils

Il y a toujours un plan détaillé du réseau près des guichets. Par ailleurs, pour éviter d'avoir à faire la queue chaque fois que vous prenez le métro, songez à acheter une «carte d'accès au métro» de laquelle chaque passage sera décompté.

Avant de monter dans la première rame qui se présente, sachez que certaines sont «locales» et d'autres sont «express»; les premières s'arrêtent à toutes les stations, tandis que les secondes ne s'arrêtent qu'aux stations principales. La première voiture de chaque rame affiche clairement la mention correspondante: *Local* ou *Express*.

Panneau de directions dans le métro de New York. © iStockphoto.com/lisa.combs

National: 142 E. 31st St., 212-447-5883 ou 888-826-6890, www.nationalcar.com

En transport en commun

MTA New York City Transit

Les services d'autobus et de métro fonctionnent 24 heures sur 24 dans les cinq *boroughs* de la ville. Pour toute information concernant le transport en commun de la **Metropolitan Transportation Authority (MTA)**, appelez *(24 heures sur 24, 7 jours sur 7)* au 718-330-1234. Les usagers dont la langue n'est pas l'anglais peuvent appeler au 718-330-4847, et les malentendants, au 718-596-8273. Vous pouvez également consulter le site Internet de la MTA *(www.mta.info)*.

Un **billet de passage** régulier coûte 2,50$ et peut être acheté dans les gros distributeurs automatiques qu'on retrouve dans chaque station de métro. Il est valide pour une période de 2h après l'entrée dans le réseau et peut être utilisé aussi bien pour le métro que pour l'autobus. Il vous permettra de passer d'un autobus à un autre, mais pas du métro à l'autobus.

Il existe deux types de **MetroCard** (carte d'accès au métro): la Pay-Per-Ride MetroCard (carte régulière) et l'Unlimited Ride MetroCard, toutes deux vendues par les guichetiers du métro et dans les distributeurs automatiques.

Avec la **Pay-Per-Ride Metro-Card**, le passage coûte 2,25$, vous pouvez acheter autant de passages que vous voulez entre 4,50$ et

New York pratique

80$; de plus, vous profiterez d'une remise de 15% si vous en achetez pour 8$ et plus. Et vous obtenez la correspondance gratuite du métro à l'autobus ou d'un autobus à un autre.

Avec l'**Unlimited Ride Metro-Card**, vous pouvez acheter, à prix fixe, un nombre illimité de passages en métro ou en autobus. Il en existe plusieurs types, permettant des voyages illimités sur des périodes allant de 1 à 30 jours.

En taxi

Les gros taxis jaunes de New York sont faciles à repérer et représentent une façon économique de voyager, particulièrement en groupe. Par exemple, parcourir 20 *blocks* («pâtés de maisons», soit la distance entre deux rues) coûte environ 4$. Un pourboire variant entre 10% et 15% est de mise pour le chauffeur.

En bateau

New York Water Taxis

Pour vous rendre dans la banlieue new-yorkaise, dans les parcs et dans les sites culturels le long des fronts de mer du West Side, de Lower Manhattan et de Downtown Brooklyn, vous pouvez recourir aux services des New York Water Taxis, qui vous accueillent au New York Harbor. Les billets sont en vente à bord des bateaux, aux guichets du Pier 11 à Manhattan, au South Street Seaport et au Paulus Hook Terminal de Jersey City, aux kiosques saisonniers des points de débarquement et par téléphone

1. Les fameux taxis jaunes de New York. © iStockphoto.com/PeskyMonkey
2. Le Staten Island Ferry, avec ses vues imprenables sur la *Big Apple*. © iStockphoto.com/Bill Grove

(212-742-1969, poste 0) et en ligne
(www.nywatertaxi.com).

Staten Island Ferry

Le Staten Island Ferry transporte
gratuitement, grâce à une flotte
de 10 traversiers, plus de 20 millions de personnes par année entre
le St. George Terminal de Staten
Island et le Whitehall Ferry Terminal (ou South Ferry) de Manhattan
*(tlj; trajet de 25 min; pour passa-
gers seulement; renseignements
sur l'horaire des traversées 311,
www.siferry.com)*. La courte traversée offre des vues imprenables sur
Manhattan, la statue de la Liberté
et Ellis Island.

À vélo

La ville de New York n'a manifes-
tement pas été conçue à l'inten-
tion des cyclistes, mais elle n'en
continue pas moins de parfaire
son réseau de pistes cyclables de
manière à procurer plus de sécurité et plus de plaisir aux amateurs
de vélo. Les fins de semaine, la circulation est un peu moins dense,
et il devient plus facile d'explorer
la ville à bicyclette. Les bicyclettes
sont acceptées dans le métro en
tout temps, mais plusieurs règles
de bons sens doivent être respec-
tées *(visitez le www.mta.info/nyct/
safety/bike ou composez le 718-
330-3322 pour plus d'information)*,
la plus évidente étant d'éviter les
heures de pointe. Comme solution
de rechange aux artères de la ville,
souvent en proie aux embouteilla-
ges, de nombreux endroits s'offrent
aux cyclistes.

New York pratique

Les Greenways

Les Greenways réunissent un ensemble de tracés de randonnée pédestre et cycliste à travers la ville, où vous pourrez circuler en toute sécurité. Il est en général bien éclairé et offre certaines vues magnifiques sur New York en cours de route. Il s'agit d'un vaste réseau qui permet de parcourir la plupart des parcs urbains et les rives des cours d'eau. Vous pouvez vous procurer un plan du réseau aux différents bureaux et kiosques d'accueil des visiteurs de **NYC & Company** (voir p. 206).

Les parcs

Presque tous les parcs de la ville accueillent les vélos, mais sans doute le plus populaire est-il **Central Park** (voir p. 128). Vous y trouverez des comptoirs de location où l'on propose des bicyclettes à l'heure ou à la journée. Les cyclistes en quête de tranquillité peuvent aussi se diriger vers le **Riverside Park** (entre 72nd Street et 110th Street; voir p. 158) ou le **Hudson River Park** (entre Battery Park et 59th Street; voir p. 52). Le **Prospect Park** (voir p. 168) de Brooklyn est aussi fort prisé par les cyclistes.

Location de bicyclettes et excursions organisées

À Central Park, l'entreprise **Central Park Bike Tours** (deux adresses: 203 W. 58th St., 212-541-8759, www.centralparkbiketours.com) propose des visites guidées dont le circuit et la thématique varient. La location de bicyclettes est inclu-

1. Un vélo pas comme les autres...
   © Mathieu Dupuis

2. Le Prospect Park à Brooklyn.
   © Dreamstime.com/Leo Bruce Hempell

se dans le prix des visites. On peut aussi simplement y louer un vélo.

L'entreprise **Bike and Roll** *(212-260-0400, www.bikeandroll.com)* compte plusieurs succursales à New York *(entre autres: Pier 84, 557 12th Ave.; Pier A, Battery Park; Prospect Park et Brooklyn Bridge Park, Brooklyn).* On y fait la location de bicyclettes et on y organise plusieurs excursions dans Manhattan.

À pied

C'est encore la marche qui permet le mieux de goûter la richesse du *melting pot* de la mégalopole américaine, de profiter de ses nombreuses places publiques ou de faire du lèche-vitrine. Ainsi, lors de votre séjour à New York, assurez-vous de ne pas oublier vos chaussures de marche, et même d'apporter de la crème pour soulager vos pieds endoloris...

Bon à savoir

Ambassades et consulats étrangers aux États-Unis

Belgique

Ambassade: 3330 Garfield Street NW, Washington, DC 20008, 202-333-6900, www.diplobel.us

Consulat: 1330 Avenue of the Americas, New York, NY 10019-5422, 212-586-5110

Canada

Ambassade: 501 Pennsylvania Avenue NW, Washington, DC 20001, 202-682-1740, www.canadianembassy.org

New York pratique

Consulat: 1251 Avenue of the Americas, New York, NY 10020-1175, 212-596-1628

France

Ambassade: 4101 Reservoir Road NW, Washington, DC 20007, 202-944-6000, www.ambafrance-us.org

Consulats: 10 East 74th Avenue, Suite 2020, New York, NY 10021, 212-606-3601; 934 Fifth Avenue, New York, NY 10021, 212-606-3600

Suisse

Ambassade: 2900 Cathedral Avenue NW, Washington, DC 20008, 202-745-7900, www.swissemb.org

Consulat: 633 Third Avenue, 30th Floor, New York, NY 10017-6706, 212-599-5700

Argent et services financiers

Monnaie

L'unité monétaire des États-Unis est le dollar américain ($US), divisé en 100 cents. Il existe des billets de banque de 1, 5, 10, 20, 50 et 100 dollars, ainsi que des pièces de 1 (*penny*), 5 (*nickel*), 10 (*dime*) et 25 (*quarter*) cents.

Il est à noter que tous les prix mentionnés dans le présent ouvrage sont en dollars américains.

Banques

Les banques sont généralement ouvertes du lundi au vendredi, de 9h à 15h. Le meilleur moyen pour retirer de l'argent à New York consiste à utiliser sa carte bancaire (carte de guichet automatique). Attention, votre banque vous facturera des frais fixes (par exemple 5$CA), et il vaut mieux éviter de retirer de petites sommes.

Change

La plupart des banques changent facilement les devises européenne et canadienne, mais presque toutes demandent des **frais de change**. En outre, vous pouvez vous adresser à des bureaux ou comptoirs de change qui, en général, n'exigent aucune commission. Ces bureaux ont souvent des heures d'ouverture plus longues.

Taux de change

1$US =	0,99$CA
1$US =	0,73€
1$US =	0,88FS
1$CA =	1,01$US
1€ =	1,37$US
1FS =	1,13$US

N.B. Les taux de change peuvent fluctuer en tout temps.

En plus des comptoirs de change situés dans les aéroports de New York, il y a plusieurs bureaux de change dans le centre-ville :

JPMorgan Chase: 158 W. 14th St.; 71 W. 23rd St., angle Sixth Ave.

Thomas Cook: 29 Broadway, angle Morris St.; 157 W. 57th St.; 1590 Broadway, angle 48th St.

American Express: 200 Vesey St.; 374 Park Ave.

Bars et boîtes de nuit

© iStockphoto.com/Brandon Jennings

Certains établissements exigent des droits d'entrée, particulièrement lorsqu'il y a un spectacle. Pour les consommations, un pourboire d'environ 15% de l'addition est de rigueur (voir p. 205). Selon le genre de permis qu'ils possèdent, les bars, boîtes de nuit et *afterhours* de New York peuvent demeurer ouverts jusqu'entre 4h et 7h du matin. Notez que l'âge auquel il est permis légalement de boire de l'alcool est de 21 ans.

Climat et préparation des valises

New York constituant une destination quatre saisons, il convient de bien choisir les vêtements que vous apporterez en fonction de la période de l'année où vous comptez y faire un séjour.

Ainsi, les hivers s'avérant froids, assurez-vous que vos valises renferment tricot, gants, bonnet ou tuque et écharpe. N'oubliez pas non plus votre manteau d'hiver le plus chaud et vos bottes.

En été, par contre, il peut faire extrêmement chaud. Munissez-vous donc alors de t-shirts, de chemises et de pantalons légers, de shorts ainsi que de lunettes de soleil. Une veste légère peut toutefois être nécessaire en soirée.

Au printemps et en automne, il faut prévoir chandail et écharpe, sans oublier le parapluie.

En toute saison, de bonnes chaussures s'imposent pour vos visites des différents coins de la ville.

Décalage horaire

À New York, il est six heures plus tôt qu'en Europe et trois heures

New York pratique

plus tard que sur la côte ouest de l'Amérique du Nord. New York et le Québec partagent le même fuseau horaire.

Électricité

Partout aux États-Unis et en Amérique du Nord, la tension électrique est de 110 volts et de 60 cycles (Europe : 50 cycles); aussi, pour utiliser des appareils électriques européens, devrez-vous vous munir d'un transformateur de courant adéquat, à moins que le chargeur de votre appareil n'indique 110-240V.

Les fiches électriques sont plates, et vous pourrez trouver des adaptateurs sur place ou, avant de partir, vous en procurer dans une boutique d'accessoires de voyage ou une librairie de voyage.

Fumeurs

Il est interdit de fumer dans tous les lieux publics de New York, y compris les bars et les restaurants.

Heures d'ouverture

Les commerces sont généralement ouverts du lundi au mercredi de 10h à 18h, le jeudi et le vendredi de 10h à 21h, et le dimanche de 12h à 17h. Les supermarchés et les grandes pharmacies ferment en revanche plus tard ou restent même, dans certains cas, ouverts 24 heures sur 24, sept jours sur sept.

Jours fériés

Voici la liste des jours fériés aux États-Unis. Notez que la plupart des magasins, services administratifs et banques sont fermés pendant ces jours.

New Year's Day (jour de l'An)
1ᵉʳ janvier

Martin Luther King, Jr. Day
troisième lundi de janvier

President's Day (anniversaire de George Washington)
troisième lundi de février

Memorial Day
quatrième lundi de mai

Independence Day (fête nationale)
4 juillet

Labor Day (fête du Travail)
premier lundi de septembre

Columbus Day (jour de Christophe Colomb)
deuxième lundi d'octobre

Veterans Day (jour des Vétérans et de l'Armistice)
11 novembre

Thanksgiving Day (jour de l'Action de grâce)
quatrième jeudi de novembre

Christmas Day (Noël)
25 décembre

Le défilé de la Saint-Patrick à New York. © Dreamstime.com/Gary718

Calendrier des événements

Voici un aperçu des plus grands événements annuels tenus à New York. Nous vous invitons à consulter les sites Internet des organismes pour en connaître les dates exactes, qui peuvent varier d'année en année.

Janvier

Jour de l'An: le tout New York s'amasse sur Times Square pour faire le décompte jusqu'au Nouvel An.

Mars

Défilé de la Saint-Patrick: le 17 mars, l'énorme communauté irlandaise de New York fête son saint patron en grande pompe. Un grand défilé est organisé sur Fifth Avenue *(www.nyc-st-patrick-day-parade. org)*.

Avril

Tribeca Film Festival: ce festival lancé par l'acteur Robert De Niro attire chaque année, à la fin du mois d'avril, quelque 300 000 cinéphiles *(www.tribecafilm.com)*.

new york pratique

Mai

Ninth Avenue Food Festival: durant la fin de semaine précédant le Memorial Day, Ninth Avenue est envahie par une foule venue déguster des plats de différents pays, alors que plusieurs comptoirs sont installés entre 37th Street et 57th Street *(www.ninthavenuefoodfestival.com)*.

Five Boro Bike Tour: au début de mai, quelque 30 000 cyclistes de tous les âges prennent part à cet événement populaire *(www.bike-newyork.org)*.

Juin

CareFusion Jazz Festival: durant les deux dernières semaines de juin, plusieurs concerts sont présentés au cours de ce festival dans la *Big Apple*, notamment dans Central Park et à Carnegie Hall *(www.carefusionjazz.com)*.

LGBT Pride March: ce festival gay explose à la fin du mois de juin et peut attirer jusqu'à 1 000 000 de personnes *(de l'angle de Fifth Ave. et 52nd St. à l'angle de Christopher St. et Greenwich Ave., www.hopinc.org)*.

Met in the Parks: chaque année, le mois de juin voit le **Metropolitan Opera** *(www.metoperafamily.org)* organiser des concerts gratuits dans différents parcs de New York.

Museum Mile Festival: on accède gratuitement aux neuf musées de l'Upper Fifth Avenue de 18h à 21h le deuxième mardi de juin *(www.museummilefestival.org)*.

Juillet et août

New York Philharmonic Concerts in the Park: en juillet et en août, le **New York Philharmonic** *(www.nyphil.org)* donne des concerts dans Central Park ainsi que dans d'autres parcs de la ville.

Independence Day: à l'occasion de la fête nationale des Américains le 4 juillet, des feux d'artifice sont organisés par le magasin Macy's sur des barges positionnées sur la Hudson River.

Un concert du New York Philharmonic dans Central Park. © Chris Lee

Lincoln Center Out of Doors Festival : de la fin juillet à la mi-août, des concerts et autres manifestations culturelles gratuites ont lieu à divers endroits dans l'enceinte du **Lincoln Center** (www.lincolncenter. org).

Harlem Week : le premier quartier noir de la ville se rappelle son histoire et ses origines (www.harlemweek.com) pendant ce festival qui, malgré son nom, s'étend de la fin de juillet à la fin d'août.

Septembre et octobre

Feast of San Gennaro : pendant une dizaine de jours à la mi-septembre, processions, défilés, dégustations et concours célèbrent San Gennaro (saint Janvier) dans le quartier de Little Italy (www.sangennaro.org).

New York Film Festival : de la fin de septembre au début d'octobre, ce festival attire aussi bien les réalisateurs chevronnés que ceux qui présentent leur premier film (www.filmlinc.com).

new york pratique

1. La Village Halloween Parade dans Sixth Avenue. © Joe Buglewicz/NYC & Co

2. Le siège du *New York Times*. © Karine Mancuso

Village Halloween Parade : une énorme foule costumée, aussi colorée que bruyante, dévale Sixth Avenue de Spring Street à 15th Street le 31 octobre *(www.halloween-nyc.com)*.

Novembre

ING New York City Marathon : le premier dimanche de novembre, quelque 37 000 coureurs participent à ce marathon de 42 km *(www.nycmarathon.org)*.

Macy's Thanksgiving Day Parade : ce grand défilé, organisé par le magasin Macy's le dernier jeudi de novembre, arpente Broadway depuis West 77th Street jusqu'à Herald Square *(www.macys.com)*.

Décembre

Christmas Tree Lighting Ceremony : un grand arbre est planté et illuminé au Rockefeller Center le mardi suivant la Thanksgiving.

Personnes à mobilité réduite

Tous les édifices et services gouvernementaux sont régis par des lois qui garantissent l'accès aux personnes à mobilité réduite. Quant aux restaurants, ils indiquent si leur établissement est accessible ou non aux fauteuils roulants. Pour toute question, adressez-vous au **Mayor's Office for People with Disabilities** *(100 Gold St., 2nd Floor, New york, NY 10038, 212-788-2830, www.nyc.gov/html/mopd)*, un service municipal chargé des services aux personnes à mobilité réduite.

Poste

Les bureaux de poste sont ouverts, en général, du lundi au vendredi, de 9h30 à 17h30 (parfois jusqu'à 20h le jeudi), et le samedi, de 10h à 14h. Le bureau de poste principal de New York est situé entre 31st Street et 33rd Street *(800-275-8777, www.usps.com)* et est ouvert 24 heures sur 24.

Pourboire

Le pourboire s'applique à tous les services rendus à table, c'est-à-dire dans les restaurants et les autres endroits où l'on vous sert à table (la restauration rapide n'entre donc pas dans cette catégorie). Il est aussi de rigueur dans les bars, les boîtes de nuit et les taxis, entre autres.

Selon la qualité du service rendu, il faut compter environ 15% de pourboire sur le montant avant taxes. Il n'est généralement pas, comme en Europe, inclus dans l'addition, et le client doit le calculer lui-même et le remettre à la serveuse ou au serveur. Attention toutefois, il arrive dans certains restaurants new-yorkais que le pourboire soit déjà inclus dans l'addition – vérifiez donc toujours avant d'en ajouter un.

Presse écrite

Les deux grands quotidiens de la *Big Apple* sont *The New York Times* et *The Wall Street Journal*. Le premier est le plus important quotidien du pays, alors que le deuxième s'adresse principalement aux gens d'affaires.

New York pratique

Parmi les quotidiens publiés à New York, il faut aussi mentionner le *Daily News*, qui parle à la classe ouvrière, et le *New York Post*, qui reprend la formule des tristement célèbres tabloïdes anglais tels *The Sun*.

Un hebdomadaire gratuit, publié le mercredi, propose par ailleurs un gros plan sur la vie culturelle de New York : *The Village Voice*. Vous y trouverez les bonnes adresses où sortir, une foule d'articles d'actualité, des critiques de concerts et les spectacles à ne pas manquer.

L'hebdomadaire *Time Out New York* renferme pour sa part d'excellentes sections sur les activités liées à la vie new-yorkaise.

Renseignements touristiques

NYC & Company : 212-484-1222, www.nycgo.com

Midtown Information Center (bureau principal) : 810 Seventh Ave., entre 52nd St. et 53rd St.

City Hall Information Kiosk : angle Broadway et Park Row, à l'extrémité sud de City Hall Park

Harlem Information Center : The Studio Museum in Harlem, 144 W. 125th St., entre Adam Clayton Powell Jr. Blvd. et Malcolm X Blvd.

Tavern on the Green Visitor Center : Central Park, angle 67th St. et Central Park West

Chinatown Information Kiosk : angle Canal St., Walker St. et Baxter St.

Times Square Alliance Information Center : 1560 Seventh Ave., entre 46th St. et 47th St., 212-869-1890, www.timessquarenyc.org

Brooklyn Tourism and Visitors Center : Brooklyn Borough Hall, 209 Joralemon St., entre Court St. et Adams St., 718-802-3820, www.visitbrooklyn.org

Discover Queens Visitor Center : Queens Center Mall, 90-15 Queens Blvd., Suite 1024, 718-592-2082, www.discoverqueens.info

Bronx Tourism Council : 718-590-3518, www.ilovethebronx.com

Visit Staten Island : 347-273-1257, www.visitstatenisland.com

Restaurants

L'une des grandes capitales gastronomiques du monde occidental, la plupart des cuisines du monde sont représentées dans la Grosse Pomme, où l'on compte près de 20 000 restaurants.

Les Américains parlent du *breakfast* pour désigner le repas du matin, du *lunch* pour le repas de midi et du *dinner* pour le repas du soir. Le *brunch*, qui combine *breakfast* et *lunch*, est généralement servi les samedis et dimanches entre 10h et 14h. À New York, plusieurs restaurants affichent aussi des menus «après-théâtre» (généralement proposés entre 22h et minuit) pour ceux à qui les

À la terrasse d'un resto-pub de quartier. © Philippe Renault/hemis.fr

comédies musicales de Broadway auraient creusé l'appétit.

Dans le chapitre «Explorer New York», vous trouverez la description de plusieurs établissements pour chaque quartier. Sachez qu'il est essentiel, dans les meilleurs restaurants new-yorkais, de réserver sa table en téléphonant plusieurs heures, jours, voire semaines à l'avance.

Prix

L'échelle utilisée dans ce guide donne des indications de prix pour un repas complet pour une personne, avant les boissons, les taxes (8,875%) et le pourboire (voir p. 205).

$	moins de 15$
$$	de 15$ à 25$
$$$	de 26$ à 40$
$$$$	plus de 40$

Le label Ulysse

Le pictogramme du label Ulysse est attribué à nos établissements favoris (hôtels et restaurants). Pour plus de détails, voir p. 183.

Santé

Pour les personnes en provenance d'Europe et du Canada, aucun vaccin n'est nécessaire. D'autre part, il est vivement recommandé, en raison du prix élevé des soins, de souscrire une bonne assurance maladie-accident. Il existe différentes formules, et nous vous conseillons de les comparer. Emportez vos médicaments, surtout ceux qui exigent une ordonnance.

New York pratique

1. Une boîte d'urgence.
© Dreamstime.com/Bayda127

2. Le nouveau Yankee Stadium, inauguré en 2009 dans le sud du Bronx.
© Dreamstime.com/David Leindecker

Sécurité

En prenant les précautions d'usage, il n'y a pas lieu d'être inquiet outre mesure pour sa sécurité à New York. Si toutefois la malchance était avec vous, n'oubliez pas que le numéro de secours est le 911, ou le 0 en passant par le téléphoniste.

D'une façon générale, il est conseillé d'éviter de fréquenter seul les couloirs du métro de New York entre minuit et 5h du matin. De la même manière, vous devriez abandonner l'idée d'une promenade nocturne dans un des grands parcs de la ville, à moins qu'il ne s'y tienne un événement quelconque qui attire une foule importante.

Pour éviter des désagréments inutiles, il serait toujours plus sage d'opter systématiquement pour des déplacements en taxi après minuit, à moins de déjà bien connaître le quartier où vous allez.

Sports professionnels

Baseball

New York Yankees
Yankee Stadium, angle 161st St. et River Ave., station de métro 161th Street-Yankee Stadium, desservie par les lignes B, D et 4, 718-293-4300, http://newyork.yankees.mlb.com

Le baseball des Yankees est présenté au nouveau Yankee Stadium inauguré en 2009, situé dans le sud du Bronx.

New York Mets
Citi Field, Flushing Meadows Corona Park, angle 126th St. et Roosevelt Ave., station de métro Willets Point, desservie par la ligne 7, 718-507-8499, http://newyork.mets.mlb.com

Pour voir les Mets en action, dirigez-vous vers le nouveau Citi Field, dans le *borough* de Queens.

Basketball et hockey

New York Knicks/New York Rangers
Madison Square Garden, Seventh Ave., entre W. 31st St. et W. 33rd St., 212-465-6741, www.thegarden.com

Les amateurs de basketball se rendent au Madison Square Garden pour assister aux matchs des **New York Knicks** *(www.nba.com/knicks)* de la National Basketball Association (NBA). Il est également possible d'y voir les **New York**

Rangers *(http://rangers.nhl.com)* de la Ligue nationale de hockey.

Football américain

New York Giants/New York Jets

New Meadowlands Stadium, 102 route 120, East Rutherford, New Jersey, 201-559-1300, www.newmeadowlandsstadium.com

Pour participer à la folie des matchs de football américain, rendez-vous au New Meadowlands Stadium à East Rutherford, dans l'État du New Jersey, pour y voir jouer les deux équipes de New York, soit les **Giants** *(www.giants.com)* et les **Jets** *(www.newyorkjets.com)*.

Tennis

L'un des grands tournois de tennis du Grand Chelem, le **US Open** a lieu à la fin d'août chaque année, dans le *borough* de Queens, au **Flushing Meadows-Corona Park** *(station de métro Willets Point, desservie par la ligne 7, 866-673-6849, www.usopen.org)*.

Taxes

Notez qu'une taxe de vente de 8,875% est systématiquement ajoutée à tout achat effectué à New York, sauf sur les produits alimentaires achetés dans des épiceries et sur les achats de vêtements et chaussures de moins de 110$ (pour ces articles, c'est une taxe de 4,375% qui est alors ajoutée).

La taxe sur l'hébergement est quant à elle de 14,75% (plus une taxe municipale de 3,50$ par nuitée).

Télécommunications

Malgré la prédominance des téléphones cellulaires, on trouve encore aisément des cabines téléphoniques fonctionnant à l'aide de pièces de monnaie (0,50$) ou de cartes d'appel.

Dans la grande majorité des cas, l'indicatif régional de New York est le **212**. Par contre, l'indicatif **646** a dû être ajouté au cours des dernières années parce que la mégapole commençait à manquer de numéros. Dans les *boroughs* en périphérie de Manhattan, l'indicatif régional est le **718** ou le **347**, sauf dans le comté de Nassau à Long Island, où il devient le **516**. L'indicatif **917** est surtout réservé aux téléphones cellulaires.

New York pratique

Sachez que le numéro complet de 10 chiffres doit être composé dans tous les cas, même pour les appels locaux à l'intérieur de la grande région new-yorkaise.

Tout au long du présent ouvrage, vous apercevrez des numéros de téléphone dont le préfixe est *800*, *866*, *877* ou *888*, entre autres. Il s'agit alors de numéros sans frais, en général accessibles depuis tous les coins de l'Amérique du Nord.

Pour téléphoner à New York depuis le Québec, vous devez composer le 1 suivi de l'indicatif régional, puis le numéro de votre correspondant. Depuis la France, la Belgique et la Suisse, il faut faire le *00-1*, suivi de l'indicatif régional et du numéro.

Pour joindre le Québec depuis New York, vous devez composer le 1, l'indicatif régional de votre correspondant et finalement son numéro. Pour atteindre la France, faites le *011-33*, puis le numéro complet en omettant le premier zéro. Pour téléphoner en Belgique, composez le *011-32*, puis le numéro complet en omettant le premier zéro. Pour appeler en Suisse, faites le *011-41*, l'indicatif régional et le numéro de votre correspondant.

Visites guidées

Central Park est propice aux balades exploratoires. Des bénévoles guident des groupes dans le cadre du **Central Park Conservancy Walking Tour Program** (*212-310-6600*, *www.centralparknyc.org/visit/tours/guided-tours*). Les visites commentées durent de 60 min à 90 min, et il n'est pas nécessaire de réserver.

Il est également possible d'explorer Central Park à bicyclette, en prenant part à l'une des visites guidées de l'organisme **Central Park Bike Tours** (*212-541-8759*, *www.centralparkbiketours.com*). Le prix de l'excursion, dont la durée varie de 1h à 3h, comprend la location d'un vélo.

Les **Municipal Art Society Tours** (*212-935-3960*, *www.mas.org*) sont organisés par la Municipal Art Society, une institution centenaire reconnue pour son professionnalisme et son sérieux. Ses visites guidées à pied, d'une durée de 2h à 3h chacune, traitent principalement d'architecture et d'histoire.

On Location Tours (*212-683-2027*, *www.screentours.com*) propose des visites guidées qui permettent de découvrir les nombreux lieux de New York et de ses environs où ont été tournés des films ou des séries télévisées, de *Breakfast at Tiffany's* à *Sex and the City* en passant par *The Sopranos*.

Plusieurs compagnies new-yorkaises proposent des visites guidées en autobus à impériale (à deux étages), notamment **Gray Line New York Sightseeing** (*212-445-0848* ou *800-669-0051*, *www.newyorksightseeing.com*) et **City Sights NY** (*212-812-2700*, *www.*

The Ride, une visite guidée hors de l'ordinaire. © Marc Bryan-Brown

citysightsny.com). Il est généralement possible de descendre du bus à sa guise afin d'explorer un lieu plus à fond, avant de remonter dans le bus suivant pour poursuivre la visite.

Inauguré en 2010, **The Ride** (billetterie au Marriott Marquis, 1535 Broadway, entre 45th St. et 46th St.; départs à l'angle de Broadway et de 46th St.; 646-289-5060, www.experiencetheride.com) propose un tout autre type de visite guidée: à bord d'un énorme autobus équipé d'écrans vidéo et d'un système de son et d'éclairage dernier cri, les visiteurs parcourent Manhattan tout en découvrant son histoire et ses attraits grâce à l'intervention de différents humoristes et comédiens, tant à bord de l'autobus que dans la rue.

Les croisières de **Circle Line** (départs au Pier 83, angle W. 42nd St., 212-563-3200, www.circleline42.com), d'une durée de 3h, font le tour complet de l'île de Manhattan, permettant notamment aux passagers d'avoir une vue des gratte-ciel du Midtown, de la statue de la Liberté et du pont de Brooklyn.

Pour avoir une vue d'ensemble de l'île de Manhattan, rien de mieux que de monter à bord de l'un des **Liberty Helicopters** (800-542-9933, www.libertyhelicopter.com). Vous pourrez alors filmer le panorama tout en écoutant le commentaire des pilotes. Les tarifs varient de 150$ à 215$ par personne selon le circuit choisi. La durée des vols varie entre 15 min et 20 min.

New York pratique

index

Lexique
français-anglais ↘

Salut!	*Hi!*
Comment ça va?	*How are you?*
Ça va bien	*I'm fine*
Bonjour	*Hello*
Bonsoir	*Good evening/night*
Bonjour, au revoir	*Goodbye*
À la prochaine	*See you later*
Oui	*Yes*
Non	*No*
Peut-être	*Maybe*
S'il vous plaît	*Please*
Merci	*Thank you*
De rien, bienvenue	*You're welcome*

Excusez-moi	*Excuse me*
Je suis touriste	*I am a tourist*
Je suis Canadien(ne)	*I am Canadian*
Je suis Belge	*I am Belgian*
Je suis Français(e)	*I am French*
Je suis Suisse	*I am Swiss*
Je suis désolé(e), je ne parle pas l'anglais	*I am sorry, I don't speak English*
Parlez-vous le français?	*Do you speak French?*
Plus lentement, s'il vous plaît	*Slower, please*

Directions

Est ce qu'il y a un bureau de tourisme près d'ici?	*Is there a tourist office near here?*
Il n'y a pas de...	*There is no...,*
Nous n'avons pas de...	*We have no...*
Où est le/la ...?	*Where is...?*
à côté de	*beside*
à l'extérieur	*outside*
à l'intérieur	*into, inside, in, into, inside*
derrière	*behind*
devant	*in front of*
entre	*between*
ici	*here*
là, là-bas	*there, over there*
loin de	*far from*
près de	*near*
sur la droite	*to the right*
sur la gauche	*to the left*
tout droit	*straight ahead*

Pour s'y retrouver sans mal

aéroport	*airport*
à l'heure	*on time*
aller-retour	*return ticket, return trip*
aller simple	*one way ticket, one way trip*
annulé	*cancelled*
arrêt d'autobus	*bus stop*
L'arrêt, s'il vous plaît	*The bus stop, please*
arrivée	*arrival*
autobus	*bus*
autoroute	*highway*
avenue	*avenue*
avion	*plane*
bagages	*baggages*

bateau	*boat*
bicyclette	*bicycle*
bureau de tourisme	*tourist office*
coin	*corner*
départ	*departure*
est	*east*
gare	*train station*
horaire	*schedule*
immeuble	*building*
nord	*north*
ouest	*west*
place	*square*
pont	*bridge*

quartier	*neighbourhood*	sécuritaire	*safe*
rang	*rural route*	sentier	*path, trail*
rapide	*fast*	sud	*south*
en retard	*late*	train	*train*
retour	*return*	vélo	*bicycle*
route, chemin	*road*	voiture	*car*
rue	*street*		

L'argent

argent	*money*	chèques de voyage	*traveller's cheques*
banque	*bank*	Je n'ai pas	
caisse populaire	*credit union*	d'argent	*I don't have any money*
carte de crédit	*credit card*	L'addition, s'il vous plaît	*The bill please*
change	*exchange*	reçu	*receipt*

L'hébergement

ascenseur	*elevator*	haute saison	*high season*
auberge	*inn*	hébergement	*dwelling*
auberge de jeunesse	*youth hostel*	lit	*bed*
basse saison	*off season*	logement	*accommodation*
chambre	*bedroom*	piscine	*pool*
climatisation	*air conditioning*	rez-de-chaussée	*main floor*
déjeuner	*breakfast*	salle de bain	*bathroom*
étage	*floor (first, second)*	toilettes	*restroom*
gérant	*manager, owner*	ventilateur	*fan*
gîte touristique	*bed and breakfast*		

Divers

bas(se)	*low*	large	*wide*
beau	*beautiful*	lentement	*slowly*
beaucoup	*a lot*	mauvais	*bad*
bon	*good*	mince	*slim, skinny*
chaud	*hot*	moins	*less*
cher	*expensive*	ne pas toucher	*do not touch*
clair	*light*	nouveau	*new*
court(e)	*short*	Où?	*Where?*
étroit(e)	*narrow*	pas cher	*inexpensive*
foncé	*dark*	petit(e)	*small, short*
froid	*cold*	peu	*a little*
grand(e)	*big, tall*	plus	*more*
gros(se)	*fat*	quelque chose	*something*
J'ai faim	*I am hungry*	Qu'est-ce que c'est?	*What is this?*
J'ai soif	*I am thirsty*	rien	*nothing*
Je suis malade	*I am ill*	vieux	*old*
joli(e)	*pretty*	vite	*quickly*
laid(e)	*ugly*		

La température

Il fait chaud	*It is hot outside*	pluie	*rain*
Il fait froid	*It is cold outside*	soleil	*sun*
nuages	*clouds*		

Le temps

année	*year*	juillet	*July*
après-midi	*afternoon*	août	*August*
aujourd'hui	*today*	septembre	*September*
demain	*tomorrow*	octobre	*October*
heure	*hour*	novembre	*November*
hier	*yesterday*	décembre	*December*
jamais	*never*	nuit	*night*
jour	*day*	Quand?	*When?*
maintenant	*now*	Quelle heure est-il?	*What time is it?*
matin	*morning*	semaine	*week*
minute	*minute*	dimanche	*Sunday*
mois	*month*	lundi	*Monday*
janvier	*January*	mardi	*Tuesday*
février	*February*	mercredi	*Wednesday*
mars	*March*	jeudi	*Thursday*
avril	*April*	vendredi	*Friday*
mai	*May*	samedi	*Saturday*
juin	*June*	soir	*evening*

Les communications

appel à frais virés (PCV)	*collect call*	fax (télécopieur)	*fax*
appel outre-mer	*overseas call*	interurbain	*long distance call*
attendre la tonalité	*wait for the tone*	par avion	*air mail*
bottin téléphonique	*telephone book*	tarif	*rate*
bureau de poste	*post office*	télécopieur	*fax*
composer l'indicatif régional	*dial the area code*	télégramme	*telegram*
enveloppe	*envelope*	timbres	*stamps*

Gastronomie

agneau	*lamb*	fruits	*fruits*
beurre	*butter*	fruits de mer	*seafood*
bœuf	*beef*	homard	*lobster*
calmar	*squid*	huître	*oyster*
chou	*cabbage*	jambon	*ham*
crabe	*crab*	lait	*milk*
crevette	*shrimp*	langouste	*scampi*
dinde	*turkey*	légumes	*vegetables*
eau	*water*	maïs	*corn*
fromage	*cheese*	noix	*nut*

œuf	*egg*	pomme	*apple*
pain	*bread*	pomme de terre	*potato*
palourde	*clam*	poulet	*chicken*
pétoncle	*scallop*	viande	*meat*
poisson	*fish*		

Les nombres

1	*one*	16	*sixteen*	31	*thirty-one*
2	*two*	17	*seventeen*	32	*thirty-two*
3	*three*	18	*eighteen*	40	*forty*
4	*four*	19	*nineteen*	50	*fifty*
5	*five*	20	*twenty*	60	*sixty*
6	*six*	21	*twenty-one*	70	*seventy*
7	*seven*	22	*twenty-two*	80	*eighty*
8	*eight*	23	*twenty-three*	90	*ninety*
9	*nine*	24	*twenty-four*	100	*one hundred*
10	*ten*	25	*twenty-five*	200	*two hundred*
11	*eleven*	26	*twenty-six*	500	*five hundred*
12	*twelve*	27	*twenty-seven*	1 000	*one thousand*
13	*thirteen*	28	*twenty-eight*	10 000	*ten thousand*
14	*fourteen*	29	*twenty-nine*		
15	*fifteen*	30	*thirty*		

Mesures et conversions

Mesures de capacité
1 gallon américain (gal) = 3,79 litres

Mesures de longueur
1 pied (pi) = 30 centimètres
1 mille (mi) = 1,6 kilomètre
1 pouce (po) = 2,5 centimètres

Poids
1 livre (lb) = 454 grammes

Température

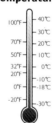

100°F	40°C
70°F	30°C
50°F	20°C
32°F	10°C
20°F	0°C
0°F	-10°C
-20°F	-18°C
	-30°C

Pour en connaître un peu plus, procurez-vous
le guide de conversation *L'anglais pour mieux
voyager en Amérique*.